土砂災害に備える

―命を守るために知ってほしいこと―

佐藤丈晴

吉備人出版

はじめに

1年のうちで土砂災害が多いのは、梅雨の季節です。6月は「土砂災害防止月間」となっており、マスコミ各社から土砂災害に関する出演依頼や取材が多くなります。土砂災害防止月間の主な取り組みとして、国土交通省は都道府県、市町村等と連携し、住民参加を主とする諸行事や活動に重点を置き、土砂災害防止意識の普及活動、警戒避難・情報伝達体制の整備等を推進しています。少しでもこのことに対して貢献できればと考え、対応にあたっています。

筆者は、平成27年に一般のみなさまに土砂災害について理解していただきたいと思い、「命を守るための土砂災害読本」を執筆いたしました。発刊してから5年が経過し、見直し作業に入りました。特に筆者の大学のある岡山県では、平成30年7月豪雨に見舞われ、2ヵ月くらい毎日調査を行いました。現地での被害はもちろんのこと、被災した多くの方々から話を伺い、前著で提案したことについて間違いなかったこと、改めたいところ等数多くの発見がありました。中でも気象情報の正確さはかなり向上していると思っています。土砂災害で最も重要な防災気象情報である土砂災害警戒情報の精度が大幅に向上し、警戒避難に十分に対応できる程度になったと考えています。気象庁による観測および予測技術の向上は、目覚ましいものがあると実感しています。このことは、今までの実績を示しながら説明していきます。

本著は、一般の方を対象としていることから、土砂災害についての難解な専門的知識は記載しておりません。すべてのみなさまが土砂災害対策について必要最小限の内容に限定して紹介しました。例えば、天気予報で流れる防災気象情報については、大雨警報（土砂災害）と土砂災害警戒情報が避難のタイミングとして大切な情報です。自治体から発表される情報としては、避難準備・高齢者等避難開始と避難指示だけを知っておけば、あとは必要ありません。専門家であれば、詳細な知識は必要ですが、一般の方にすべて知ってもらう必要はなく、たくさんありすぎると混乱します。だから4つのみ覚えてほしいことと、その他の情報を紹介し、必要ない理由を提示しました。土砂災害警戒区域等の危険箇所についても同様です。

私たちができる土砂災害対策は極めて簡単なことです。多くの皆さんにご理解いただくためには、できる限り少ないキーワードでおおよそのことがわかることが大切で、ハードルを上げてはいけません。あとは、「大切な人を守りたい」という気持ちだけです。この気持ちさえあれば、すべてを理解することができるでしょう。さあ、本書で土砂災害の世界をちょっと学んで、豊かで安全・安心な暮らしを実現しましょう。

令和2年12月

岡山理科大学　生物地球学部　生物地球学科　佐藤丈晴

登場人物

ひなん獅子《しし》　土石竜《どせきりゅう》　りな先生　ふーちゃん　きなりくん

土砂災害に備える

―命を守るために知ってほしいこと―

第1章　土砂災害の事例に学ぶ

本書は、一般の住民を対象として「土砂災害で大切な人を守るためにどのようにすればよいのか」をテーマに、土砂災害や気象などの知識について説明します。まず過去の事例を学び、土砂災害対策の課題とより良い対応について考えましょう。

第一章では、平成最大の土砂災害事例である平成30年7月豪雨について、筆者が実際に調査し、被災した方の話を紹介して、この方々の反省をもとにどうすればよかったのかについて論じていきます。

第1節　平成30年7月豪雨の概要

平成30年7月6日夜から8日未明にかけて西日本一帯で豪雨が発生しました。この豪雨により広範囲で土砂災害及び水害が発生し、甚大な被害が生じました。特に被害が大きかったのは広島県、岡山県、愛媛県の3県であり、死者行方不明者数はこの3県に集中しました（内閣府調べ）。

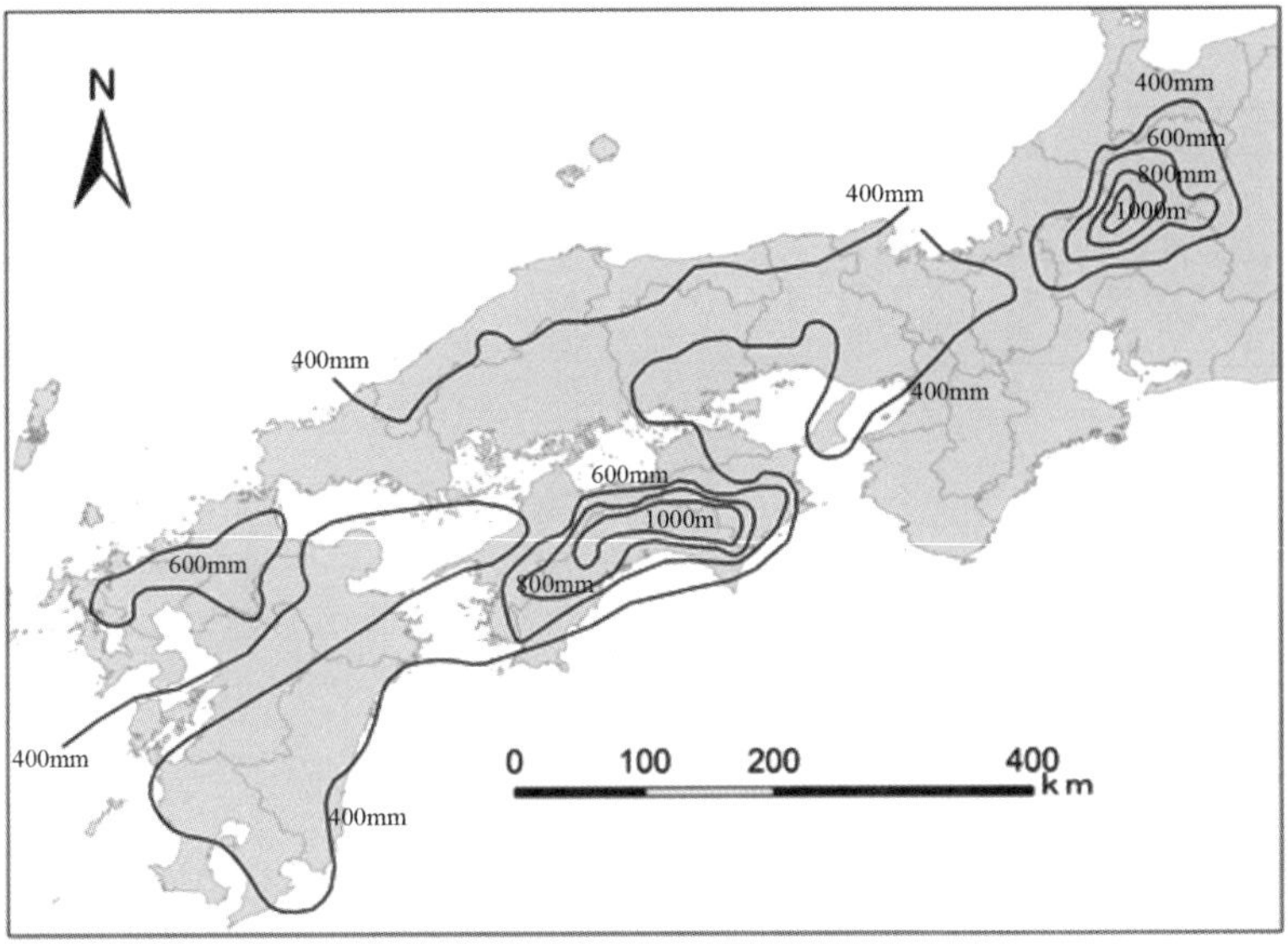

図１・１　平成30年７月６日から８日までの総降雨量の等雨量線図（内閣府、2019）

ところが図１・１を見てください。この図は7月6日から7月8日までの総降雨量の分布を示した図ですが、上記３県の降雨量は他の地域の降雨量よりも少ないです。このことは、土砂災害の発生は降雨量が多いだけでは説明がつかないことを意味しています。この点については、次章以降に説明します。

岡山県では、この災害において土砂災害を原因とした死者行方不明者は３名でした。しかし、死者行方不明者にはならなかったものの、一つ間違えば仲間入りした事例がたくさんありました。図１・２は、土砂災害の発生事例とその中で今回紹介する４件の災害事例の位置を示しました。幸いなことに被災者が助かり、その時の経験談を聞くことができました。我々は大切な人を守るためにどう行動すべきかを、経験者から学び、役立てなければなりません。それぞれの事例について、その時の状況とどうすればよかったのかについて考えてみましょう。

第2節　新見市足立地区の事例

新見市足立地区では、7月6日23時40分に斜面崩壊が発生し、斜面直下の家屋5戸が全壊しました。この場所は、急傾斜地崩壊危険箇所（I—1417）であり、土砂災害警戒区域（210K足立001）に指定されていました（図1・3）。崩壊部は、斜面の最上部に位置し、幅30m、深さ5m、長さ20mの規模で斜面下まで崩落しました。

斜面直下の家屋は、斜面上部から崩落した土砂によって流され、道路を挟んだ建物の上に乗り上げ、かろうじて川に落下せず止まりました（図1・4）。大きな診療所は、土砂及び倒木によって、押しつぶされました。流出土砂は道路反対側の家屋を超えて、河川に流入しました。

土砂災害警戒情報が15時10分に発表されたことを受けて、新見市は、18時45分に避難勧告を発

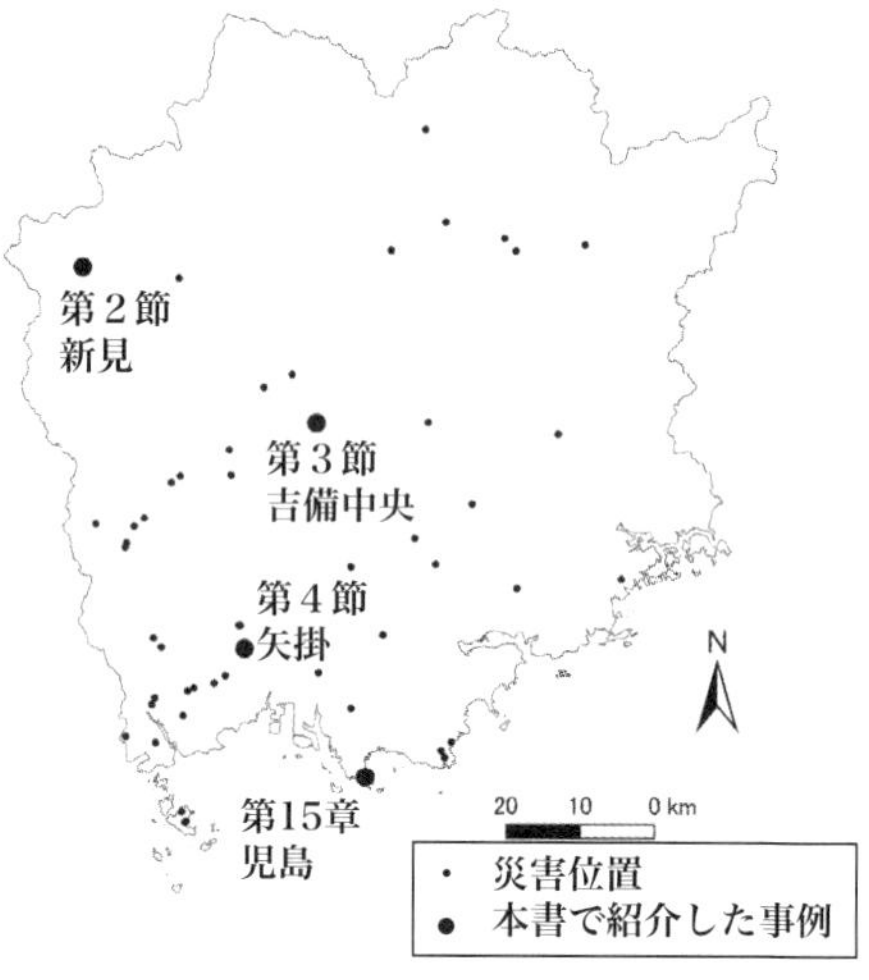

図1・2　平成30年7月豪雨時に発生した土砂災害分布図

令しました。20時45分に避難指示を発令し、21時に市内全域の全64箇所で避難所を開設し、２０００人弱の避難者を収容しました（新見市調べ）。ところが、当地の5戸の住民はそのまま在宅していました。23時を過ぎたとき、近所の商店の店主が、雨足が強くなったことを受けて、正面の山を見ると何やら怪しい動きが見えたそうです。23時20分ごろに急いで当地の住民に避難するように声をかけて、自分の商店に招き入れたその時、斜面崩壊が発生しました。あと数分遅れていたならば、どうなっていたでしょうか。

第3節　吉備中央町田土地区の事例

吉備中央町田土地区では、7月6日22時に土石流が発生し、斜面下の家屋3戸が全壊、5戸が半壊しました（図1・5）。この場所は、急傾斜地崩壊危険

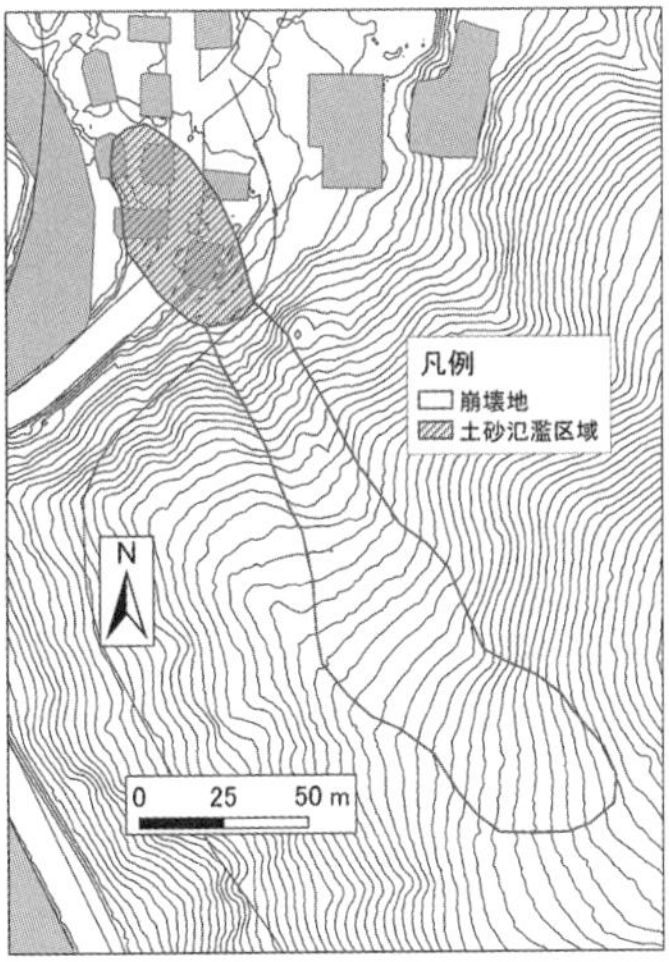

図1・3　新見市足立地区の土砂災害警戒区域

図1・4　新見市足立地区の被災状況

箇所（I—1347）であり、土砂災害警戒区域（681K田土001）に指定されていました。この土砂災害は、渓流の谷出口付近が崩壊して扇状地を150m程度流れ下った土石流です。崩壊部は、幅17m、深さ6m、長さ55mで、直下の家屋、田畑を飲み込むように土砂が流出しました（図1・6）。崩壊部直下の急傾斜地に設置された石積擁壁は基礎部分から崩壊しました。

　吉備中央町では、前日5日の18時55分に土砂災害警戒情報が発表されました。翌日の6日19時20分に避難勧告、19時40分に避難指示が発令され、400名弱が避難所に避難しました（吉備中央町調べ）。この被災箇所では、ほとんどの方が事前避難をしていましたが、一戸のみ自宅待機していました。土石流による土砂が、この家屋に流入しました。周囲の建物は流されていたにもかかわらず、この家屋は幸運なことに土砂流入のみで無事でした。土石流の流れ

図1・6　吉備中央町田土地区の被災状況

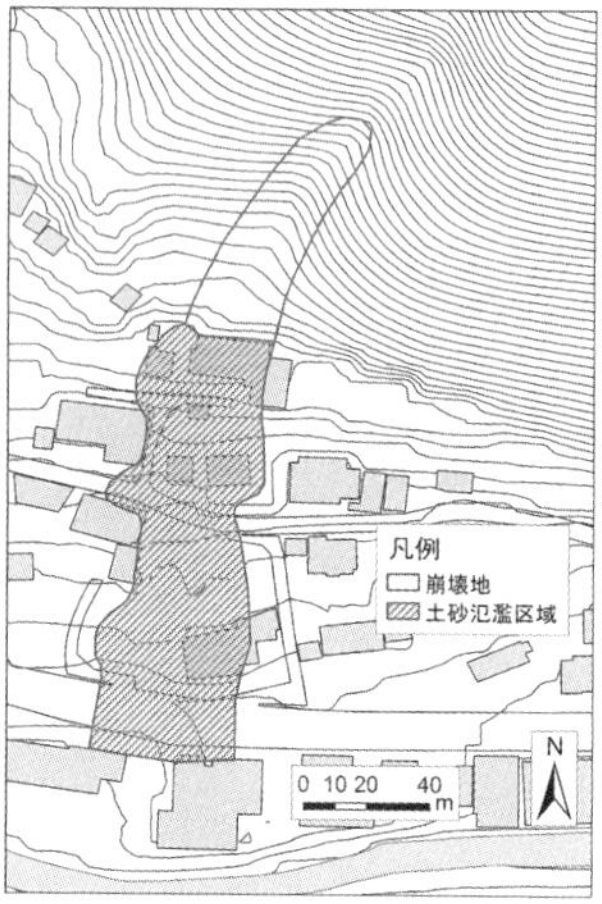

図1・5　吉備中央町田土地区の崩壊地と土砂氾濫区域

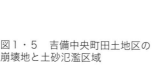

た方向が少しでもこの家屋側にずれた場合を考えると、極めて危険な状況になったと思います。どのように行動したらよかったのでしょうか。

第４節　矢掛町横谷地区の事例

矢掛町横谷地区では、７月７日１時および７月８日１時と２回にわたり斜面崩壊が発生し、斜面直下の河川対岸の家屋１戸が全壊し、１名が救出されました（図１・７）。被災箇所は急傾斜地崩壊危険箇所（Ⅱ—９７０）であり、土砂災害警戒区域（４６１Ｋ（横谷００３）に指定されていました。災害の規模は、幅30ｍ、深さ５ｍ、長さ30ｍの広範囲に崩壊しました（図１・８）。表層土壌の下に多数の地下水の道が確認でき、さらに崩壊した場所においては、岩石の亀裂からも水が湧出していました。

７月６日21時に土砂災害警戒情報の発表を受け、

図１・８　矢掛町横谷地区の被災状況

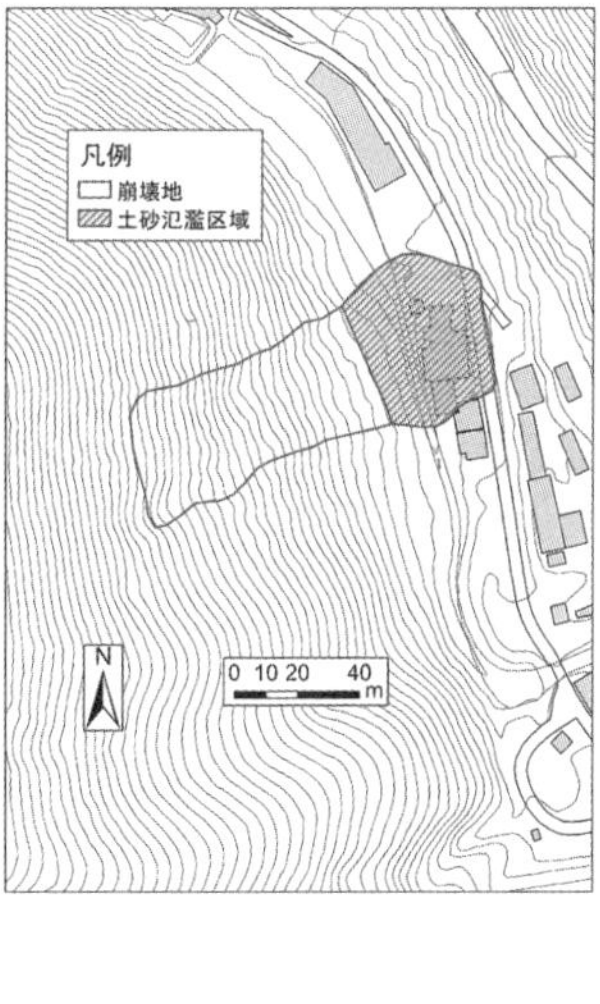

図１・７　矢掛町横谷地区の崩壊地と土砂氾濫区域

矢掛町は、22時に避難準備・高齢者等避難開始を発令し、およそ800名弱が避難所に避難しました（矢掛町調べ）。そして、その3時間後に被災しました。本崩壊は、まず7月7日午前1時に発生し、崩壊土砂は斜面下部の河川を埋め対岸側に到達、家屋を一戸倒壊しました。2回目の崩壊は、7月8日午前1時に発生し、家屋を完全に破壊し道路にまで土砂および倒木が流出しました。

この家屋には、一人暮らしの高齢者が居住しており、最初の崩壊で倒壊した家屋内に取り残されました。7日に親族が倒壊した家屋の屋根に穴をあけ、無事に救出しました。被災者は、屋根の間のわずかな隙間にちょうど身体が入っており無事でした。そして救出した翌日に再び斜面が崩壊して、家屋がなくなりました。

土砂災害警戒情報が発表されたのは6日21時ですから、一人の高齢者を避難させる準備をしていたか、あるいは親族の方で役割分担ができていたか、前日に発表されていた大雨警報（土砂災害）で避難できなかったのかという点について、考えたいところです。

第5節　過去の事例を考えることの大切さ

平成30年7月豪雨で危うく命を落とす可能性の高かった事例について紹介しました。筆者が調査したわずかな事例だけで3件ほど紹介できるのですから、もっと多くの事例があると予測されます。それぞれの事例について、どのように行動すべきか、あるいは事前の準備が必要なのかをもう一度考えていただきたいと思います。

本章の事例紹介では、土砂災害警戒情報等の専門的な用語が少し混じっていることから、難解だったかもしれません。次章よりこれらの用語について説明いたします。これらを理解したうえでもう一度事例をお読みいただくと、当時の状況を的確に把握できると思います。

参考文献

吉備中央町企画課（２０１８）：広報きびちゅうおう、第１６７巻、22頁
国土地理院（２０２０）：基盤地図情報、https://www.gsi.go.jp/kiban/、参照日：２０２０—04—27
森田博之（２０１９）：平成30年7月豪雨に際しての倉敷市の対応、土木学会令和元年度全国大会研究討論会企画（ACECCTC21国内支援委員会）
内閣府（２０１９）：平成30年７月豪雨による被害状況等について、http://www.bousai.go.jp/updates/h30typhoon7/index.html、参照日：２０２０—04—27
新見市（２０１８）：平成30年7月豪雨災害による被災状況（平成30年7月19日9時）、https://www.city.niimi.okayama.jp/media_images/files/__________7__30_____.pdf、参照日：２０２０—04—27
岡山県危機管理課（２０２０）：おかやま全県統合型GIS、http://www.gis.pref.okayama.jp/pref-okayama/Portal、参照日：２０２０—04—27
矢掛町（２０１８）：広報やかげ、第５８１号、22頁

第2章　降雨量観測

土砂災害は、大雨の時に発生します。そのため、土砂災害対策は、降雨量を観測し危険度を正しく評価することが大切です。気象庁や自治体では、降雨量の観測を行っています。この観測で得られた雨量データはリアルタイムの気象予報に用いられるとともに、過去のデータの蓄積によって多くの研究や実務で使用されています（図2・1）。

本章では、降雨量観測とそのデータについて説明していきましょう。

図2・1　降雨量観測

第1節　気象庁

わが国で気象観測を実施している機関といえば、真っ先に挙げられるのが気象庁です。気象庁は明治前期に気象観測を開始したのが始まりといわれています。その後昭和31年7月に気象庁が誕生しました。そして現在は、平成13年1月の中央省庁等の再編に伴い、気象庁は国土交通省の外局として新たに業務を実施しています（気象庁）。

気象庁は、「気象業務の健全な発達を図ることにより、災害の予防、交通の安全の確保、産業の興隆等公共の福祉の増進に寄与するとともに、気象業務に関する国際協力を行う。」ことを使命として、一人一人の生命・財産が守られ、しなやかで、誰もが活き活きと活力のある暮らしを享受できるような社会のために取り組んでいます（気象庁）。気象業務は、自然現象の観測、データの収集分析、解析・予測、情報の作成と提供等があります。将来このような仕事を希望する若者はぜひ気象庁へ就職していただき、我が国の安全と安心の確保に貢献してほしいと願っています。

第2節　アメダス

気象庁の降雨量観測は、明治時代から行われてきましたが、１９７４年11月から運用を開始した地域気象観測システム（アメダス：Automated Meteorological Data Acquisition System）が有名です。現在、降水量を観測する観測所は全国に約１３００箇所（約17㎞間隔）あります（図２・２：アメダス岡山観測所）。アメダスは基本的に1時間ごとの降雨量を観測しています。原則として休日はありません。これを連続観測といいます。連続観測によって、１９７４年から1時間ごとの降雨量データが蓄積され、現在も継続しています。

第3節　地上雨量計による観測

アメダスを構成する観測所には、図２・３のように地上雨量計が設置されています。地上雨量計は、文字通り地上に雨量計を固定して、その地点の降雨量を計測します。地上における最も確実な降雨量観測方法です。筆者も大学や地域で地上雨量計を設置して降雨量を観測しています（図２・３）。このように地上雨量計さえあれば、誰でも降雨量を観測することができます。

図２・２　アメダス岡山観測所

図２・３　地上雨量計による観測

地上雨量計は、どのように雨量を計測しているのでしょうか。地上雨量計は直径20㎝の受水器に入る降雨を計測します。受水器に入った降雨は、内部に設置された転倒ますに受け取られます。ますの大きさに相当する雨量が注がれると転倒し、反対側のますが次の降雨を受け取ります（図２・４）。ますが転倒するとパルス発生器に接触して、パルスを発生し、それをデータロガーが受信します。１回のパルスで、ますの大きさ分の雨量をカウントします。この構造によって理論上は何㎜でも観測することができます。欠点として、短期間にあまりにも大きな雨が降ると供給される降雨の量が多すぎて、一瞬でますがあふれ、誤差が大きくなります。しかしながら、構造上極めて堅牢で簡易であるため、安定的に長期間の連続観測を可能にしていることから、多くの場面で使用されています。

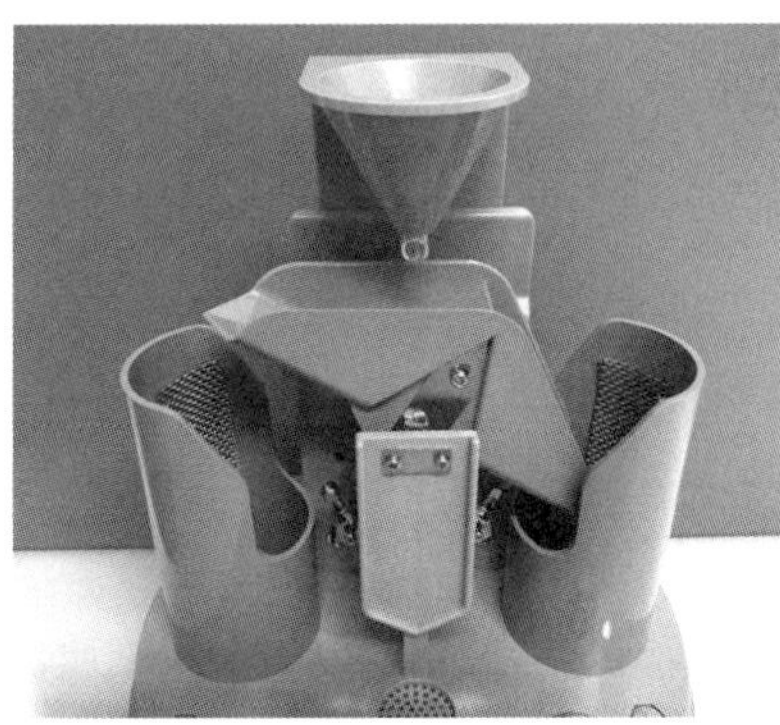
図２・４　転倒ます式地上雨量計の内部

第４節　レーダ雨量による観測

気象庁の気象レーダは全国20箇所あります。気象レーダは、アンテナを回転させながら電波（マイクロ波）を発射し、半径数百㎞の広範囲内に存在する雨や雪を観測するものです（図２・５）。

発射した電波が戻ってくるまでの時間から雨や雪までの距離を測り、戻ってきた電波（レーダエコー）の強さから雨や雪の強さを観測します。また、戻ってきた電波の周波数のずれ（ドップラー効果）を利用して、雨や雪の動きすなわち降水域の風を観測することができます（気象庁）。

気象庁のレーダ雨量の一つに解析雨量があります。解析雨量は、気象庁と国土交通省が保有する気象レーダと気象庁・国土交通省・地方自治体が保有する全国の地上雨量計のデータを組み合わせて、降水量分布を１㎞四方の細かさで解析したものです。天気予報で表示される雨の分布はこのデータに基づいています。

また、国土交通省は、ＸＲＡＩＮというレーダ雨量を配信しています。１分単位で２５

図２・５　レーダ雨量観測のイメージ

０m四方とさらに解像度が大きくなっている一方、都市部等限られた地域でしか観測を行っていないデメリットもあります。図２・６は平成23年台風12号による豪雨時のＸＲＡＩＮの観測結果です。中央下部の山地部北側の山すそ周辺に降雨が集中していることが読みとれます。解析雨量もＸＲＡＩＮも面的に降雨量を求められることが大きなメリットであり、気象予報にも広く用いられています。

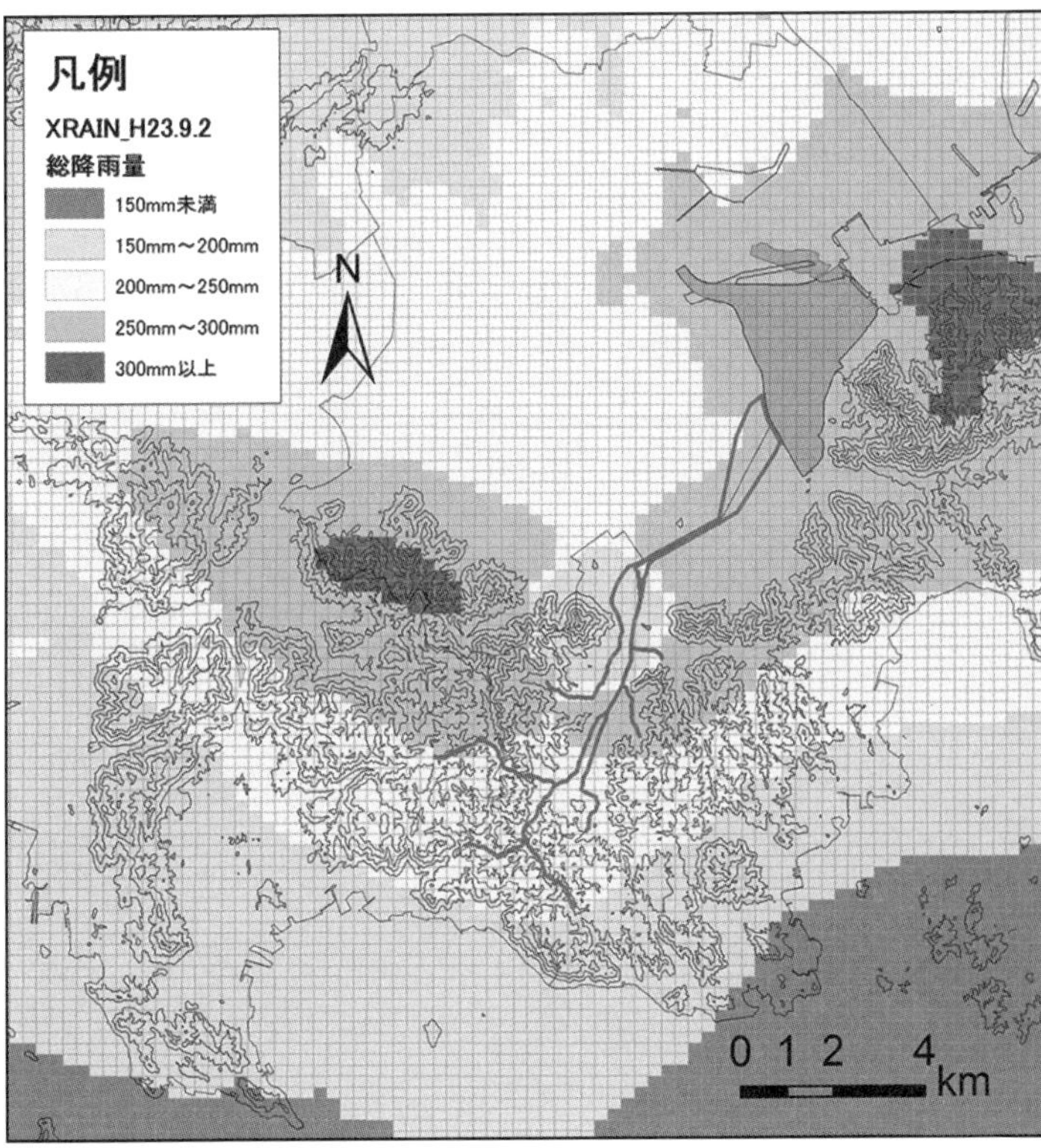

図２・６　平成23年９月２日の総降雨量の分布（岡山県南部）

第5節　降雨データの連続性

連続観測によって1時間おきあるいは10分おきなど降雨データの収集が可能となり、過去の気象状況との相違について比較検討できるようになりました。また気象庁の観測データは、デジタルデータとして整理・販売され、購入することも可能です。国や自治体その他の組織から降雨データの提供を受けることもあります。このようなときに注意しなければならないことは、データが必ずしも連続していない可能性があるという点です。データの一部が欠損していることを欠測といいます。降雨データの場合は、『アスタリスク（*）』『ハイフン（-）』『空欄（ ）』等で入力整理されています。どうしてこのようなことが起こるのでしょうか。

機器によって連続的に観測できる一方、機器が観測することで、生じるやむを得ない理由や観測ミスもあります。例えば、定期的に機器のチェックをしなければなりません。電気機器には耐用年数がありますので、期限が来れば機器を交換します。また、点検を行い、好適な観測環境を維持する必要もあります。さらに、雷などのトラブルや無線通信の通信不良もあります。このようなことを考慮すると、1年間連続で1時間おきの観測では、365日（うるう年を除く）、24時間より、8760個（1年間の時間数）のデータがすべてそろうのが理想ですが、これを達成することは容易でありません。

もし、自分で観測した降雨データではなく、他機関から譲り受けたデータを用いる際には、必ず最初にすべてのデータを確認する必要がありますので、注意しましょう（図２・７）。

参考文献

気象庁（２０２０）：気象庁、http://www.jma.go.jp/jma/index.html、参照日２０２０—05—01

気象業務支援センター（２０２０）：気象業務支援センター、http://www.jmbsc.or.jp/jp/、参照日２０２０—05—01

国土交通省（２０２０）：川の防災情報、http://www.river.go.jp/x/xmn0107010.php、参照日２０２０—05—01

国土交通省（２０２０）：ＸＲＡＩＮ（Ｘバンド ＭＰレーダネットワーク）配信エリア新設、https://www.mlit.go.jp/report/press/mizukokudo03_hh_000786.html、参照日２０２０—05—01

図２・７　連続データのチェックは必須

第3章　土砂災害の避難に関する防災気象情報

通常土砂災害は豪雨時に発生します。では、どのくらいの雨が降ったら土砂災害が発生するのでしょうか。この問いに対しては、専門家や学識経験者でも明確に回答することはできません。その理由は、危険の度合いが見えないからです。例えば、河川の洪水の場合は、川の水位を調べれば、水位が上がっているから危険だと判断できます。これに対して、土砂災害は土の中なので見えません。また、地形や地質、断層など局所的な要素が多々あることが、この問題をより複雑にしています。

しかし、過去の被災経験に基づいて、危険度が高くなっている雨量は、ある程度理解が進んでいます。そして、近年は今後どのくらい降雨があるのか予測することもおおよそ可能になってきました。自治体と気象庁は、これらのデータを基にして、土砂災害の危険度を評価し、地域ごとに防災気象情報を発表しています。本章では、土砂災害からの避難に関する防災気象情報について説明いたします。

第1節　大雨警報と大雨注意報

土砂災害に関する降雨の基準として最も知られているのが、大雨警報と大雨注意報です。大雨警報には、土砂災害と浸水害を対象にした基準があり、特に警戒すべき事項を明示して大雨警報（土砂災害）と大雨警報（浸水害）に分類して表していますが、本書は土砂災害に関する内容を扱いますので、以下大雨警報と記載した場合は、大雨警報（土砂災害）であることを前提とします。

この二つの気象情報は、毎日の天気予報で昔から用いられているので、誰もが知っています。さて、それでは質問です。

「大雨警報とはどのような警報でしょうか？」

なんとなく想像できるとは思いますが、はっきりした定義までは興味のある方以外は答えることは難しいと思います。気象庁では次のように定義されています（気象庁、２０２０）。

【大雨警報】

『大雨による重大な災害が発生するおそれがあると予想したときに発表します。』

【大雨注意報】

『大雨による災害が発生するおそれがあると予想したときに発表します。』

この大雨警報・注意報の定義は実に深みのある言葉だと思います。数回読み直すと理解できるでしょう。気象台の専門官が近いうちに重大な災害（例えば第１章で紹介した事例など）の発生する可能性があると予想した時に発表します。その時の降雨が基準を超えたとき発表するというものではありません。講義などで『雨が降っていないのに警報が出されるのはおかしいのでは?』という質問を受けますが、その直後に大きな降雨が予想されていれば、警報を発表するものと説明します。平成26年広島災害の事例では、気象庁は被災地に雨が降っていない時刻に大雨警報を発表し、数時間後の豪雨及び土砂災害を予測しました。また、その反対に発表基準を超えたにもかかわらず発表されない場合もあるということです。ただ、大雨警報・大雨注意報は、発表する地域(一般的に基礎自治体ごと)が決まっていますので、その地域の一部で雨が降っていないときもあります。それは運用上やむを得ません。

第2節　土砂災害警戒情報

最初に述べておきますが、**土砂災害から避難を考える際の最も重要な情報**です。まず、土砂災害警戒情報の定義から見てみましょう。

【土砂災害警戒情報】

『土砂災害警戒情報は、大雨警報(土砂災害)の発表後、命に危険を及ぼす土砂災害がいつ発生してもおかしくない状況となったときに、市町村長の避難指示の発令判断や住民の自主避難の判断を支援するよう、対象となる市町村を特定して警戒を呼びかける情報で、都道府県と気象

庁が共同で発表しています。』（気象庁）

この定義から住民に避難のタイミングを知らせる情報だとわかります。自主避難の対象である住民に知らせること、そして、自治体の意思決定（避難指示発令）に重要な役割を担っていることを定義で明確にしています。この情報の発表時が避難開始のタイミングという点で極めて重要です（図3・1）。

この情報のもととなる基準値は、気象庁の解析雨量など降雨データをＡＩで評価した危険度情報に、都道府県の防災関連部署の土砂災害の実績データを合わせて、命に危険が及ぶ土砂災害が発生した降雨について傾向分析を行い、基準値を定めています（国土交通省）。そして気象庁の2時間後の予測雨量を用いて運用し

土砂災害警戒情報は
避難の最後のタイミング！
さあ！急ごう

図3・1　土砂災害警戒情報は避難の最後のタイミング

ています。土砂災害警戒情報の発表、もしくは避難指示の発令時点から、避難の準備を始めて完了するまでの時間を2時間と想定し、基準超過が予想される2時間前に発表します。また、この情報は都道府県と気象庁が共同で発表します。防災関連機関が共同して発表する情報は珍しく、多視点から承認を受けた重要な情報であることがわかります。

気象庁が公開している大雨警報（土砂災害）の危険度分布（土砂災害警戒判定メッシュ情報）は、2時間先までに土砂災害警戒情報の基準に到達すると予想される地域を紫色で示し、少しでも安全な場所への避難を開始するよう記述されています。

大雨警報（土砂災害）と避難準備・高齢者等避難開始のセットが早期避難のタイミング、土砂災害警戒情報と避難指示のセットが最終避難のタイミングです。気象庁も第8章で説明する避難指示が警戒レベル4で土砂災害警戒情報はレベル4相当とされていますが、避難指示が発令されていなくても危険度分布や河川の水位情報等を用いて自ら避難の判断をするように勧められています（気象庁）。

第3節　大雨特別警報

気象庁における防災気象情報は、大きく3ランクに分類されます。大雨に関する防災気象情報は、大雨注意報、大雨警報、大雨特別警報です。では、大雨特別警報の定義を次に提示しましょう（気象庁（２０２０））。

【大雨特別警報】

『大雨特別警報は、台風や集中豪雨により数十年に1度の降雨量となる大雨が予想される場合、若しくは、数十年に1度の強度の台風や同程度の温帯低気圧により大雨になると予想される場合に発表します。』

とあります。

この定義から、数十年に1度の大雨が予想されるときに発表する情報といえます。大雨を過去の降雨と比較して数十年に1度であると評価することは大変意味のあることですが、この定義から土砂災害の発生や自主避難とは関係のない数値であることがわかります。この点はとても重要です。どうして重要なのでしょうか。

まず、土砂災害警戒情報の発表、および自治体から避難指示が発令されており、危険な地域にいる方は全員避難をしているはずです。避難に関しては、その後の情報は必要ありません。大雨特別警報があるがために、まだ大雨特別警報まで達していないから大丈夫という声をよく聞きます。避難とは関係のない情報であることを理解しなければなりません。大雨特別警報が最大級の避難のタイミングすなわち全員避難のタイミングと誤解しないように注意してください。

二つ目の理由は、この基準値は過去の降雨データに基づき、50年に一度の大雨を統計学的方法によって算出したものです。この基準値の算定方法は、過去の土砂災害の発生履歴を全く考慮しておりません。50年に1度の雨ですから、かなり危険な状態であることは理解できますが、いつ避難するのかの目安にはなりません。気象庁のHPにある大雨警報（土砂災害）の危険度分布（土砂災害警戒判定メッシュ情報）においても、大雨特別警報の記述はありません。

土砂災害に対応した避難のタイミングを考えるうえで、大雨特別警報の位置づけを誤解されている方は多いです。土砂災害警戒情報と避難指示の位置づけをしっかりと把握し、事前の避難準備の計画を立案してください。土砂災害に対する事前避難を考慮するうえで大雨特別警報は考えてはいけません。

第4節　土砂災害と気象情報の発表のタイミングの関係

防災気象情報の発表時と土砂災害の発生のタイミングについて調査した資料があります。図3・2は、筆者が岡山県内における土石流災害の発生時と防災気象情報の発表時の関係を調査した結果です。土砂災害の中でも土石流災害に絞ったのは、崩壊と地すべりは雨がなくても災害が発生するからです。また、土砂災害警戒情報の運用は、２００８年（平成20年）から始まりましたので、平成19年以前の災害（5事例）については、土砂災害警戒情報後相当の降雨であっても大雨警報発表後としております。データ数は45災害です。

土石流災害の多くが、土砂災害警戒情報発表後に発生しています。平成17年以降基準の改善などによって精度の向上が図られており、近年はかなり正確になってきました。大雨警報発表後、かつ土砂災害警戒情報発表前のタイミングで土石流が発生したのは22％でした。このうち、３件は平成17年以前であり、大雨警報発表後に被災した事例でした。３件のなしの事例はいずれも２０１０年以前の災害事例で、災害発生時刻等データの精度が低かった可能性があります。また、２０１９年９月に発生した新見市の土石流災害（２件）は、大雨注意報の発表直後に発生しました。この豪雨は突然60分に１００㎜の雨が降り被災したため、防災気象情報を発表するタイミングがなかった事例でした。これらを含めても、大雨警報発表後に土石流が発生したのは86％と大半を占めています。前出の大雨警報と土砂災害警戒情報の発表のタイミングと実際の土石流災害の発生時刻との関係を整理すると、土砂災害警戒情報の発表時は避難開始のぎりぎりのタイミングであることがわかります。

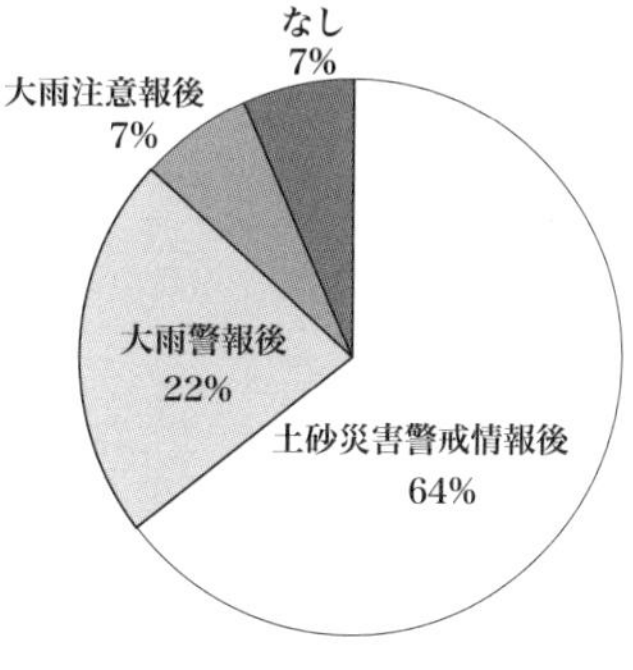

図３・２　土石流発生時における防災気象情報発表状況

参考文献

気象庁（２０２０）：防災気象情報と警戒レベルとの対応について、https://www.jma.go.jp/jma/kishou/know/

bosai/alertlevel.html」、参照日２０２０—07—15
気象庁（２０２０）：気象警報・注意報の種類、https://www.jma.go.jp/jma/kishou/know/bosai/warning_kind.html」、参照日２０２０—05—15
気象庁（２０２０）：土砂災害警戒情報・大雨警報（土砂災害）の危険度分布、https://www.jma.go.jp/jma/kishou/know/bosai/doshakeikai.html」、参照日２０２０—05—15
気象庁（２０２０）：大雨警報（土砂災害）の危険度分布（土砂災害警戒判定メッシュ情報）、https://www.jma.go.jp/jp/doshamesh/index.html」、参照日２０２０—05—15
国土交通省河川局砂防部、気象庁予報部、国土交通省国土技術政策総合研究所（２００５）：国土交通省河川局砂防部と気象庁予報部の連携による土砂災害警戒避難基準雨量の設定手法（案）、23頁
気象庁（２０２０）：気象警報・注意報、https://www.jma.go.jp/jma/kishou/know/bosai/warning.html」、参照日２０２０—05—06
佐藤丈晴（２０１５）命を守るための土砂災害読本—岡山県過去20年の降雨量に基づいて—、吉備人出版、１２６頁
佐藤丈晴（２０２０）：効果的な情報伝達に着目した集中豪雨被災地域における対応調査、砂防学会誌、第73巻、第３号、60—64頁

第4章　天気予報で出てくる降雨量

降雨量観測は、1時間ごと、10分間ごとあるいは1分間ごとに連続して観測します。そして、天気予報等ではその数値を提示し、また今後大雨になると予想される場合には、予想される降雨量が伝えられます。この数値を理解しておくと危機感を定量的に評価でき、防災意識も高まります。

本章では、天気予報で頻出する降雨量の言葉の定義と相違点について解説していきます。

第1節　1時間雨量

天気予報では、「本日○○県△△市で、1時間に100㎜の豪雨がありました。」という報告がよくあります（図4・1）。降雨量を語るにあたり、最も基本的な単位は、1時間雨量（以下時間雨量と記述します）です。昔から観測されている地上雨量計のデータは1時間ごとに蓄積されています。しかも、必ずと言ってよいほど、正時（1時0分や10時0分など）から翌正時までの1時間で観測した値です。毎正時を起点にした雨量を正時時間雨量または正時1時間雨量といいま

図4・1　１時間に100mmの豪雨
天気予報で用いられる言葉

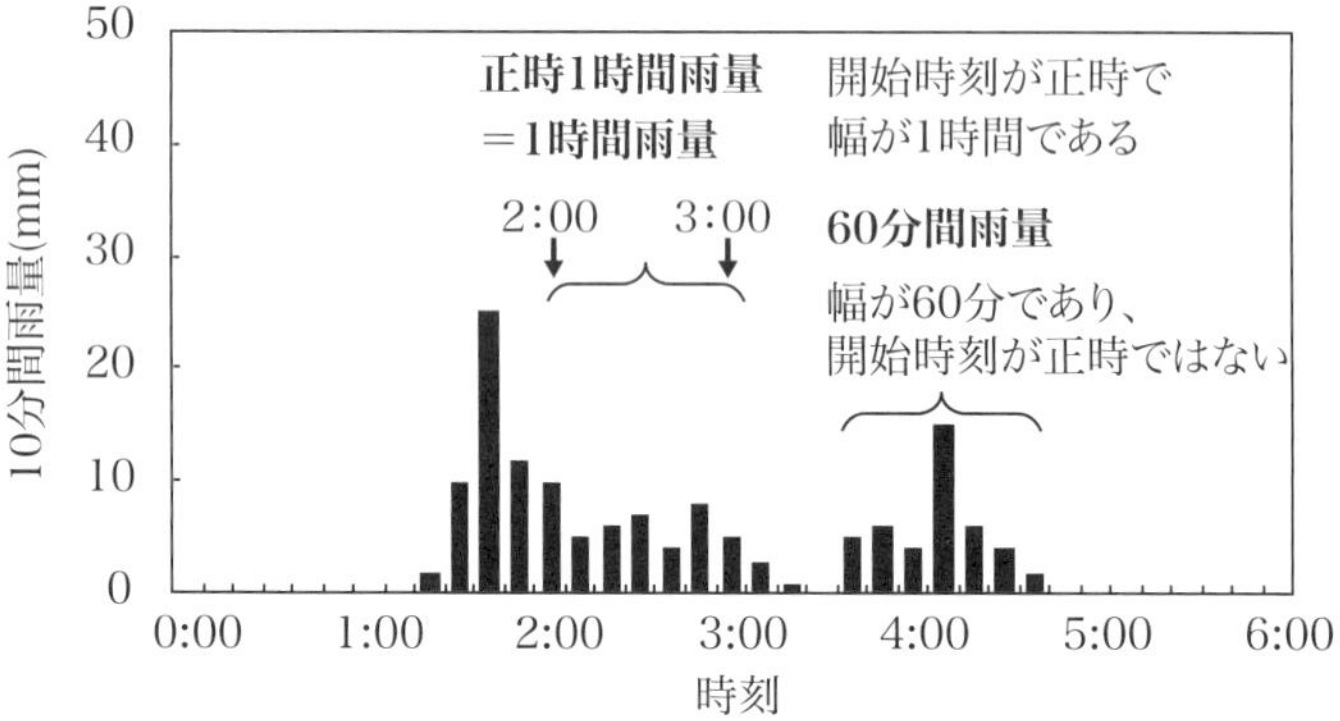

図4・2　１時間雨量と60分間雨量の相違

す。本書で時間雨量とは、正時時間雨量のことを指します。図4・2に1時間雨量について図示しました。2時から3時までの10分間雨量を6個を総和した1時間の雨量を表しています。

第2節　10分間雨量

近年は、局地的な集中豪雨が多くなってきました。さらに、これらの豪雨は、時間も短く1時間に満たない降雨もあります。このため、1時間単位では降雨の特性が把握できなくなってきました。また観測機器の性能向上もあり、より短い時間間隔での降雨量観測が可能になっています。10分間雨量は、その名の通り10分間中に降った降雨量を観測し収集したデータのことをいいます。土砂災害の崩壊に寄与する短時間の降雨量として、近年注目されている降雨指標の一つです。この値も3時20分から30分のようにちょうど10分単位で区切られた区間の降雨量を指します。図4・2では降雨量を示した棒グラフの1つ1つが10分間単位となっており、これが10分間雨量となります。

第3節　60分間雨量

最近は10分間雨量がさかんに計測されていることからこのデータを用いて10分単位で時間雨量

を計算することができます。例えば、『1時20分から2時20分までの1時間で100㎜の大雨が降りました』というニュースをよく耳にします。集中豪雨の期間の中で、最も雨量の多い連続した60分間の雨量を積算したものです。このように10分間雨量を連続6つ積算した雨量を60分間雨量（60分間積算雨量）といいます。上記の理由で、正時時間雨量よりも60分間雨量は、降雨のピークを的確にとらえることができ、値が大きく算出できます。正時時間雨量は、自動的に正時で区切られるため、ちょうど降雨のピークをとらえることができません。ひと昔は、10分間雨量がなく1時間雨量で統計がとられているため、60分間雨量を用いて過去の1時間雨量と比較するのは誤りです。降雨ピーク時の比較では大半の事例で60分間雨量の値が大きくなりますので、60分間雨量に基づいて過去最大と話されても、正確でない事が多いです。

正時1時間雨量や60分間雨量等の値の区別は、斜面や土砂災害にとって意味のあるものではありません。土砂災害は1時間で区切って考えるものではないので、斜面の危険度を評価するには60分間雨量がより斜面の状態をリアルタイムで表現していると言えるでしょう。

第4節　最大時間雨量

前節のように天気予報では、あたかも100㎜が降り続いたかのように、大雨の代表値として伝えられます。しかし、この値は、大雨の中で最も雨量が大きかった1時間の数値です。間違っても第2位や第3位が伝えられることはありません。

この一つの雨の中で1時間雨量の最大値を最大時間雨量といいます（図4・3）。本来であれば、時間雨量は正時1時間雨量の最大値ですが、天気予報では60分間雨量を最大時間雨量として伝えられている場合も見受けられます。その違いを理解しておくと天気予報も興味深く見ることができます。

ここまでの降雨指標はいずれも1時間程度の比較的短い期間の降雨指標であることから短期降雨指標と呼ばれます。第5節以降のように日単位やそれ以上の長期の降雨を表現する降雨指標を長期降雨指標といいます。

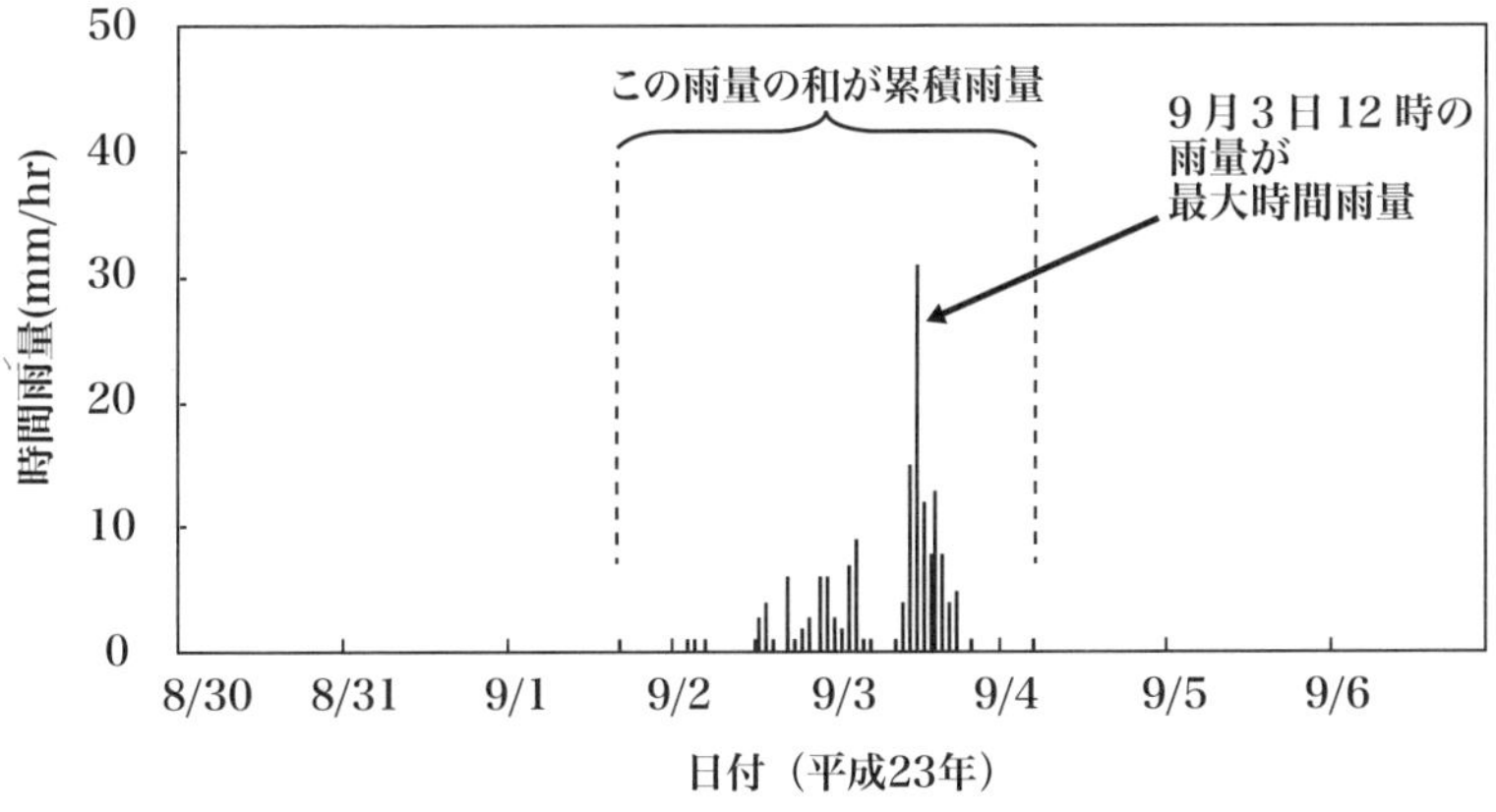

図4・3　最大時間雨量と累積雨量

第5節　日雨量と24時間雨量

1日に降った降雨量の積算値を日雨量といいます。0時から観測を始めて24時までに降り注いだ降雨量です。これに対して、天気予報では、『昨日の19時から本日の19時までの24時間で100㎜降りました』と伝えられることがあります。24時間を合計した雨量という点では日雨量と同じですが、始まりと終わりが、0時から24時ではない場合は24時間雨量と言い、日雨量とは区別しています。単位は異なりますが、正時時間雨量と60分間雨量の違いと同じイメージと考えればよいでしょう。

第6節　累積雨量（連続雨量、総降雨量）

「台風●号の影響で、▲地域では、降り始めから1000㎜の大雨となっています。」というフレーズも天気予報ではよく耳にするでしょう。降り始めからの降雨量の総合計を累積雨量といいます（図4・3）。おおよそ同じ定義で使用されている言葉として、連続雨量、総降雨量、総雨量があります。また、同じ言葉でも、用いる目的や機関によって、若干定義が異なる場合もあります。例えばドライバーのみなさんは、道路の事前通行規制の看板を見たことがあると思います。事前通行規制は、連続雨量が基準値を超過すると、通行に危険を伴うことから通行の規制を目的とした基準です。直轄国道は国土交通省、そのほかの国道や地方道は都道府県、高速道路はＮＥＸＣＯ等が管理していますが、連続雨量の定義は、管理者によって異なります（ＮＥＸＣＯ）。

以上、天気予報でよく耳にする降雨指標について紹介しました。１時間雨量と正時１時間雨量のように名称が少し異なっても大きな差となる指標や、累積雨量と連続雨量のように全く異なる名称であってもよく似た指標もあります。これらを知っておくことで、台風や豪雨時の天気予報から発せられる情報の見方、考え方、あり方を正しく読み取ることができるでしょう（図４・４）。

図４・４　天気予報を確認して避難準備

参考文献

気象庁（２０２０）：気象警報・注意報の種類、https://www.jma.go.jp/jma/kishou/know/bosai/warning_kind.html、参照日２０２０―05―05

気象庁（２０２０）：土砂災害警戒情報・大雨警報（土砂災害）の危険度分布、https://www.jma.go.jp/jma/kishou/know/bosai/doshakeikai.html、参照日２０２０―05―05

気象庁（２０２０）：大雨警報（土砂災害）の危険度分布（土砂災害警戒判定メッシュ情報）、https://www.jma.go.jp/jp/doshamesh/index.html、参照日２０２０―05―05

国土交通省河川局砂防部、気象庁予報部、国土交通省国土技術政策総合研究所（２００５）：国土交通省河川局砂防部と気象庁予報部の連携による土砂災害警戒避難基準雨量の設定手法（案）、23頁

気象庁（２０２０）：気象警報・注意報、https://www.jma.go.jp/jma/kishou/know/bosai/warning.html、参照日２０２０―05―06

ＮＥＸＣＯ西日本（２０２０）：降雨事前通行規制基準（令和２年４月１日現在）、https://www.w-nexco.co.jp/faq/09/、参照日２０２０―05―09

第5章　降雨の単位

降雨量観測は、1時間ごと、10分間ごとあるいは1分間ごとに連続して観測結果を収集します。理想の観測を行えば途切れることはありません。同じ間隔でデータが時系列に並びます。雨が降らなければ0㎜、降雨があり雨量計が感知すれば、その雨量が保存されます。1年間時間雨量を観測すれば、1日24時間、1年365日（うるう年は366日）ですから、年間8760個のデータが並びます。

ここで質問です。雨の降り始めから降り終わりはいつでしょうか。一つの雨を定義するのは、なかなか難しい問題です。降り始めは降雨が観測された時ですが、降り終わりの定義が難しいのです。本章では、まず降雨の推移を図化しながら、降雨の単位について説明していきます。

第1節　ハイエトグラフ

降雨量の推移を表すグラフとしてハイエトグラフがあります。ハイエトグラフとは、降雨量の時系列的な変化をグラフ化してわかりやすく説明した図です。図５・１に例を挙げます。横軸が時間（図５・１では日付がラベルになっています）で、降雨観測の最小単位（時間雨量なら１時間、10分間雨量なら10分間）刻みで左から右に時間が流れます。第１縦軸（左側）は、時間雨量あるいは10分間雨量などの短期降雨指標の軸であり、棒グラフやヒストグラムで表します。第２縦軸（右側）は、累積雨量などの長期降雨指標の軸であり、折れ線グラフで表します。縦軸は軸が反転して、上から下に数値が増えている図もあります。この図は、短期降雨指標と長期降雨指標の時系列的な変化を表現でき、現状と今後の予測を行う上で非常に有効で、よく使用されます。ここで、第１章でご紹介した災害についてハイエトグラフを作図しました。グラフとともに災害の状況について説明します。

図５・１は第１章第２節で紹介した新見市足立地区の降雨の状況です。図は現地に最も近い岡山県の三室川ダム観測所のデータを用いて作成しました。横軸は７月５日０時から始まっています。７月５日の午後に１時間に30㎜を超える降雨があり、土砂災害警戒情報が15時10分に発表されました。５日の深夜にはいったん降雨がやみましたが、翌６日の早朝から再び降り始め夕方から夜にかけて豪雨となり、深夜に土砂災害が発生しました。第１章の記述と図５・１を見比べると当日の降雨の状況がよくわかります。防災情報提供のタイミングは、災害発生時刻を考慮すると良い事例であったと考えられます。

続いて、吉備中央町の事例を図５・２に示しました。図は岡山県の竹谷ダム観測所のデータを

三室川ダム（県）

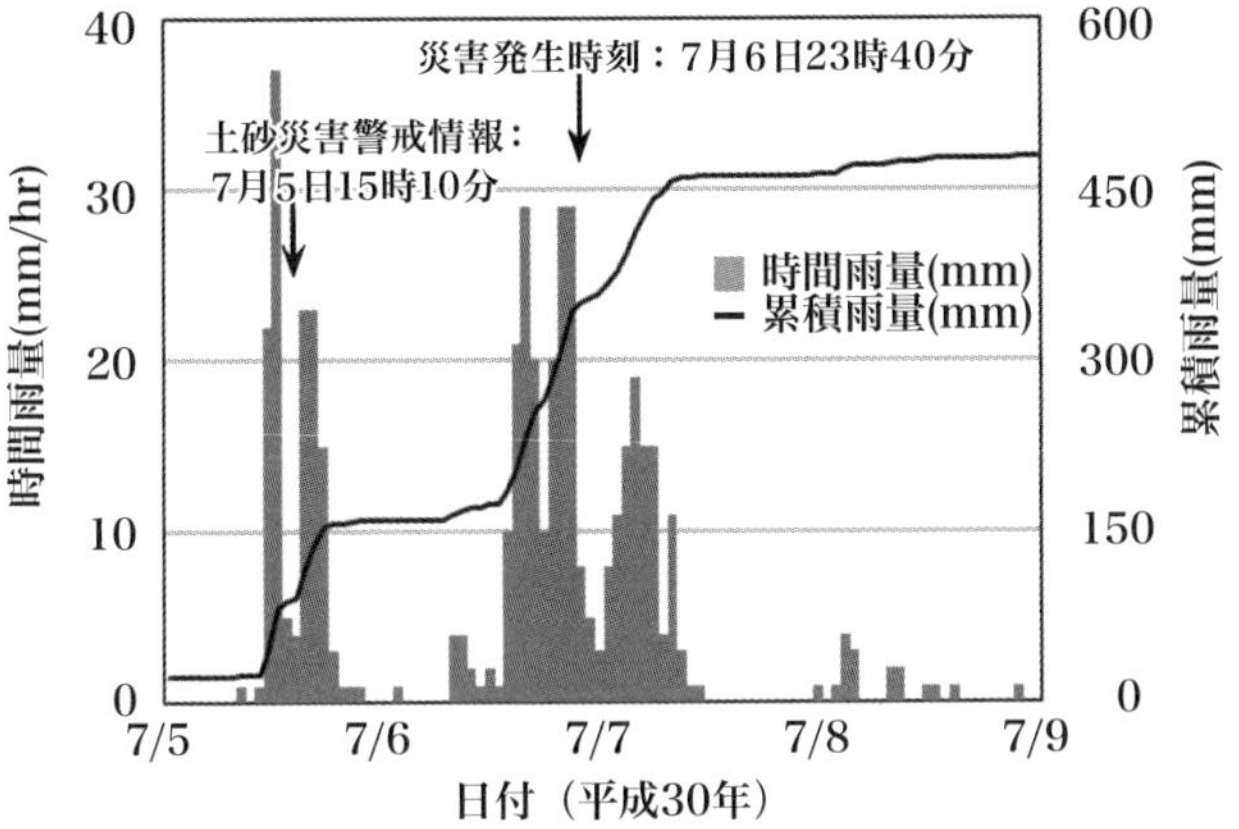

図５・１　平成30年７月豪雨時における三室川ダム（県）の降雨状況
（第１章第２節新見市足立地区 近接観測所）

竹谷ダム（県）

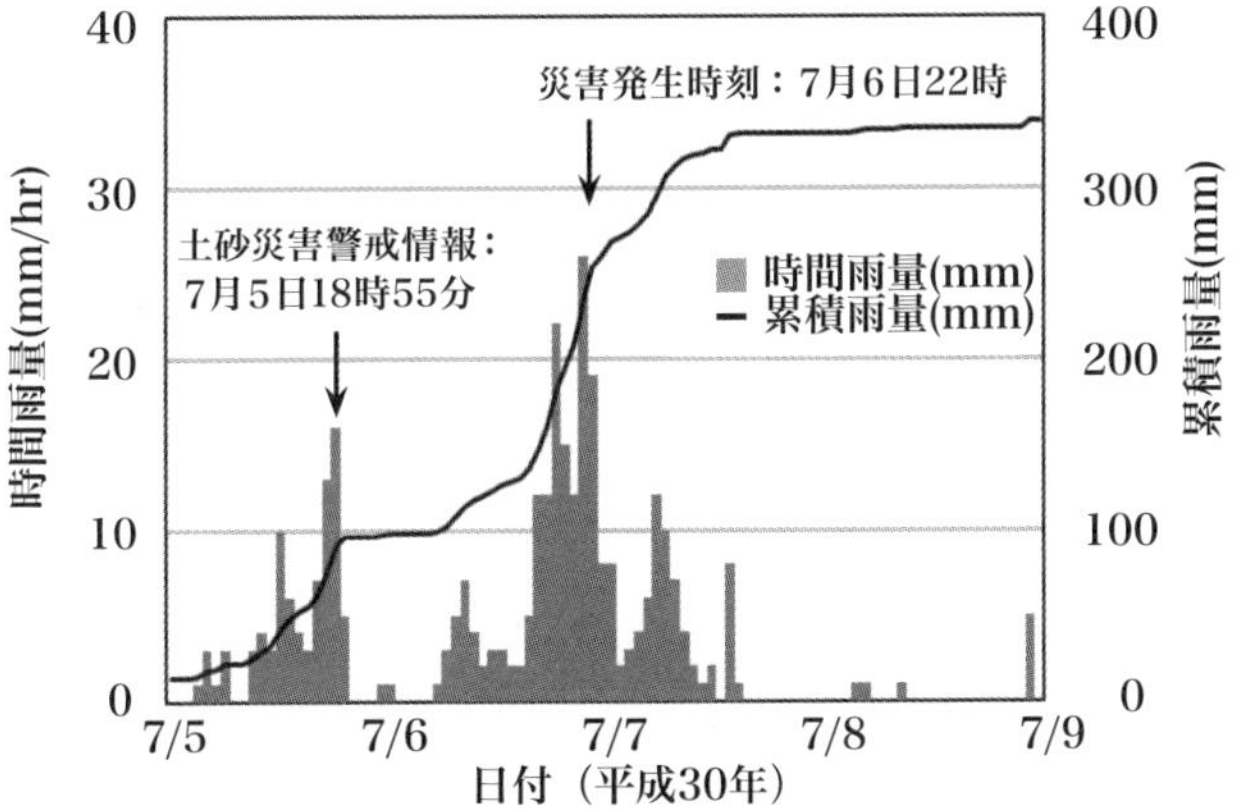

図５・２　平成30年７月豪雨時における竹谷ダム（県）の降雨状況
（第１章第３節吉備中央町田土地区 近接観測所）

矢掛（県）

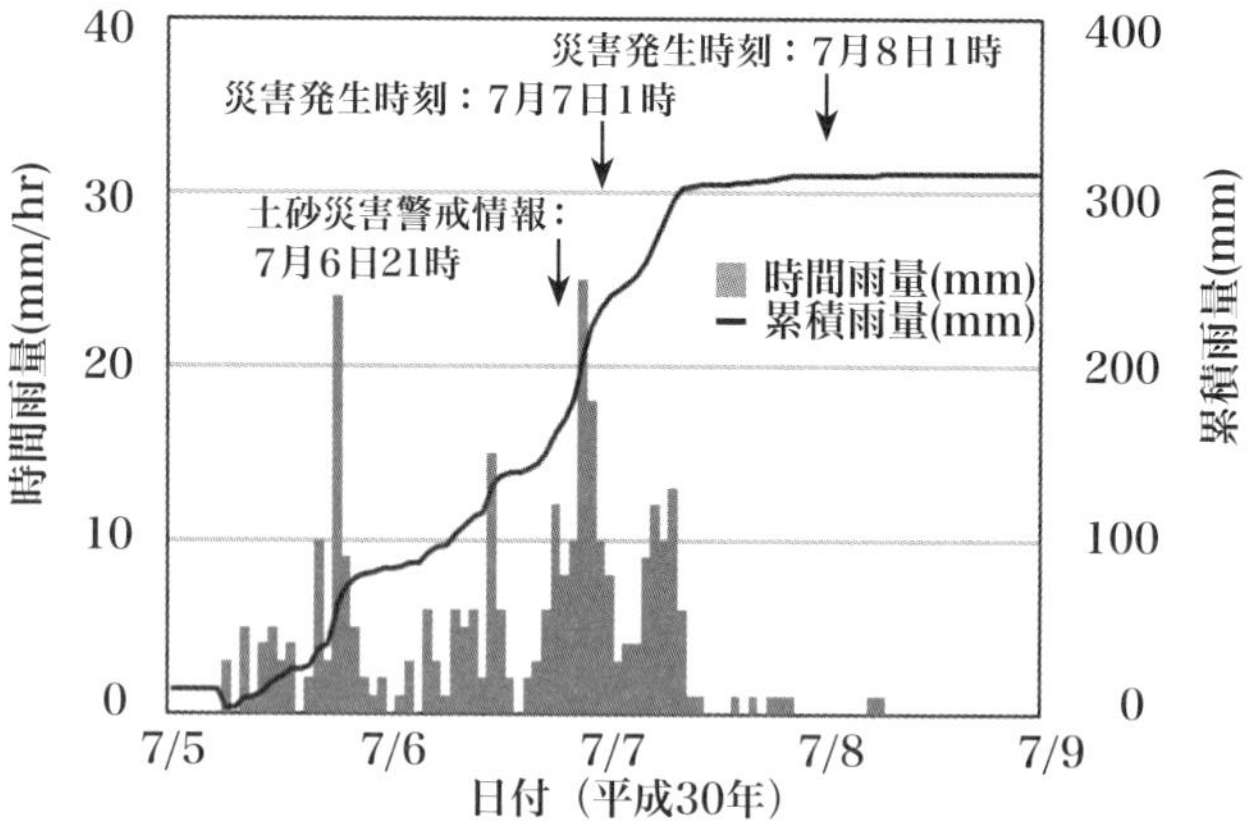

図５・３　平成30年７月豪雨時における矢掛（県）の降雨状況
（第１章第４節矢掛町横谷地区 近接観測所）

児島（県）

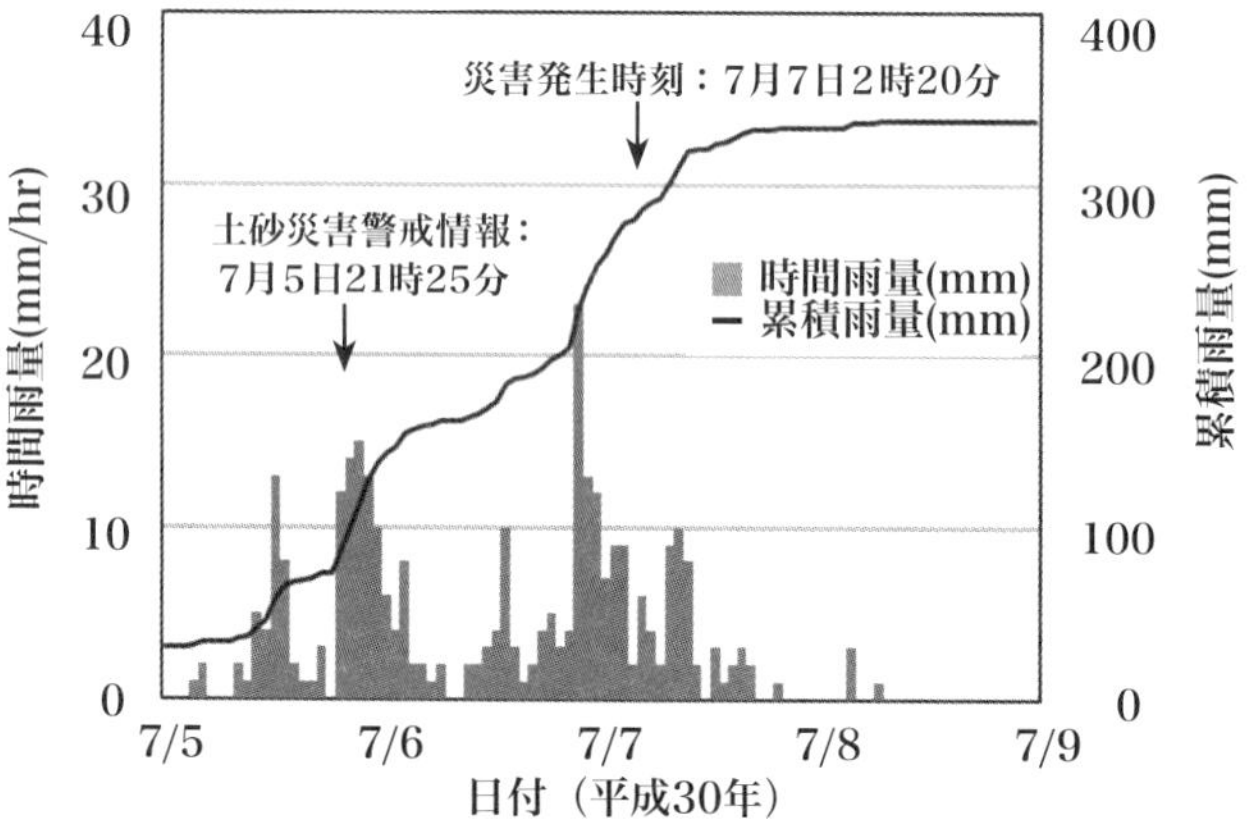

図５・４　平成30年７月豪雨時における児島（県）の降雨状況
（第15章第２節倉敷市大畠地区 近接観測所）

用いて作成しました。吉備中央町では5日の早朝から降り始め19時前に土砂災害警戒情報が発表されました。5日の深夜に降りやみましたが、6日の早朝から再び降り始め、6日の22時に土石流が発生しています。前日からの豪雨により、6日は危険な状態にあったことが、累積雨量の推移からもうかがえます。

図5・3に矢掛町の事例を示しました。この図は岡山県の矢掛観測所のデータを用いて作成しました。矢掛町では、5日から降り始め、継続して降り続き6日21時に土砂災害警戒情報が発表されました。最初の崩壊はその4時間後の7日1時ですから、避難時間の確保はできていました。また、8日の崩壊時にはほとんど降雨がなかったこともこの図から見えてきます。豪雨後に土砂が緩んでおり危険であるという予報は、適切な情報であることを教えてくれます。

図5・4にもう1例、倉敷市大畠地区の事例（第15章）を示しました。岡山県の児島観測所のデータを用いて作成しました。5日から降り始めた降雨は7日まで降り続き、5日の深夜と6日の深夜に降雨のピークを迎え、7日2時過ぎに土砂災害が発生しました。土砂災害警戒情報も前日中に発表されており、避難には十分な時間が与えられていました。

このように、時系列的に時間雨量と累積雨量を合わせ示すことで、降雨の詳細を知ることができます。第1章の事例も、このグラフとともに時系列的に説明すれば、より降雨との関連性を理解できたと思います。また、このグラフに災害発生時刻や防災情報を付記することで、避難情報提供のタイミングの適切さを検証することができます。このハイエトグラフは、テレビやニュースでも降雨の状況を説明する際によく用いられますので、読めるようにしておきましょう。

第2節　一連降雨

降雨の降り始めから降り終わりまでの一連の降雨を一連降雨といいます。土砂災害の事例を数える際には、この一連降雨で数えます。この期間中に災害が発生した場合は発生一連降雨、災害が発生していない場合は、非発生一連降雨といいます。土砂災害警戒情報の基準値（警戒避難基準雨量と呼ばれます）を設定する際に精度検証を行いますが、この一連降雨単位で検討します。

図5・1〜図5・4はいずれも平成30年7月豪雨時の各地の降雨状況を示しています。平成30年7月豪雨は大きな災害が発生した一つの事例ですが、降雨量が大きく、被災が集中した一つの期間として命名されたもので、降雨データに基づいた定量的な分類をしているわけではありません。これらのグラフを見て一つの雨の単位（降雨の終了時刻）を考えましょう。

最も簡単に考えられるのは、時間雨量が0㎜になったときを降雨の終了とする考え方です。この考え方を、図5・1〜図5・4の事例に当てはめると、それぞれ10個程度の降雨となります。平成30年7月豪雨のあったわずか数日で10回程度の降雨があったと考えるのは違和感があるでしょう。つまり時間雨量0㎜を記録したときに降雨終了とする方法は現実的でないと言えます。

では、どのくらいの降雨の間隔があれば、1つの雨としてカウントできるのでしょうか。この問いに対しては「一義的に決まっていません」というのが回答となります。それぞれの機関で用いられるひと雨については目的が異なっており、それに応じた基準を決めています。本書では、土砂災害関連で使用される指標を述べておりますが、研究に伴い降雨指標の定義が変化してきました。現在の土砂災害警戒情報（警戒避難基準雨量）の基準設定時に用いられる一連降雨の定義は、前後24時間の無降雨期間に挟まれた一連の降雨となっています。図5・5にその概念図を示します。一連降雨の降り始め時刻から1週間～2週間前程度までの降雨を『前期降雨』といいます。前期降雨は一連降雨の降り始めから起算して24時間前までを1日前降雨、24時間前から48時間前までを

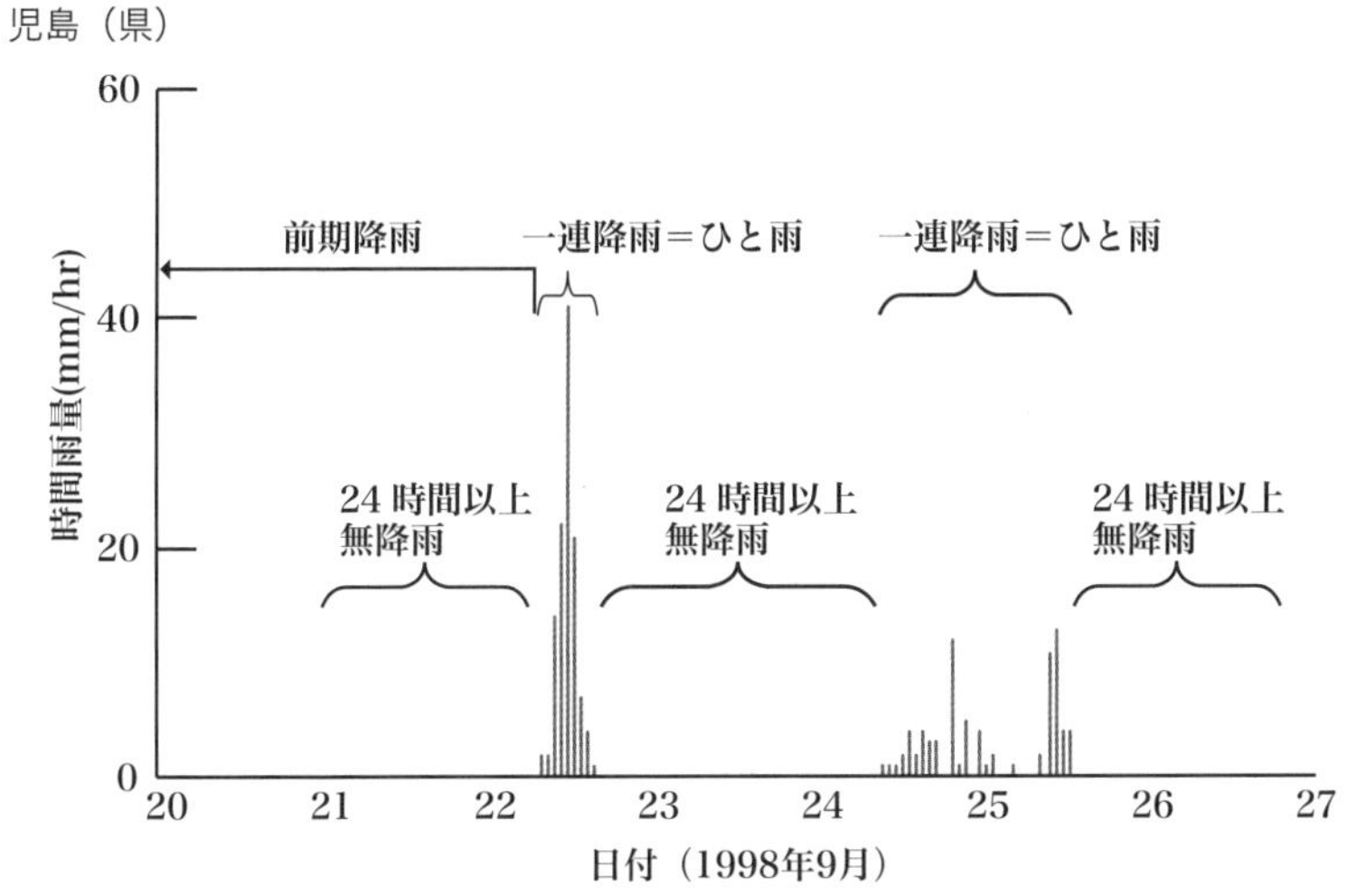

図5・5　砂防分野で用いられている一連降雨の定義

2日前降雨、以下同様に降雨を定めます。ただし、一連降雨の定義から一日前降雨は常に0㎜となります。

この条件だと1㎜でも雨量計が観測すれば、一連降雨となります。しかし、豪雨時の避難のための基準を算出するには、ある一定の豪雨の必要があります。みなさんは1㎜しかない小雨の時に避難を考えないでしょう。がけ崩れおよび土石流が発生する豪雨については、ある程度の目安が示されています。土石流の場合は、時間雨量20㎜または連続雨量80㎜を超過した一連降雨、がけ崩れの場合は、時間雨量10㎜または連続雨量40㎜を超過した一連降雨を対象としています（国土交通省）。時間雨量や連続雨量を確認して、この数値を上回ったら、土砂災害の危険度が高くなっていることを示しています。

以上より、図5・1〜図5・4に平成30年7月豪雨の事例を提示しましたが、これらの降雨はいずれも一つの降雨として数えられるのです。気象庁のアメダスや国土交通省の水文水質データベースなどで過去の降雨データを収集し、何回雨が降ったのか等を調べてみるのも面白いでしょう。

参考文献

国土交通省河川局砂防部、気象庁予報部、国土交通省国土技術政策総合研究所（2005）：国土交通省河川局砂防部と気象庁予報部の連携による土砂災害警戒避難基準雨量の設定手法（案）、13頁、http://www.mlit.go.jp/

river/sabo/doshakei_manual.html、参照：２０２０—05—10

国土交通省国土技術政策総合研究所（２００１）：土砂災害警戒避難基準雨量の設定手法、58頁、http://www.nilim.go.jp/lab/bcg/siryou/tnn/tnn0005.htm、参照：２０２０—05—10

気象庁（２０２０）：過去の気象データ検索　各地の気温、降水量、風など、https://www.data.jma.go.jp/obd/stats/etrn/index.php、参照：２０２０—05—10

国土交通省（２０２０）：水文水質データベース、http://www1.river.go.jp/、参照：２０２０—05—10

第6章　雨で土壌が緩んでいるとは

大雨が降った直後の天気予報では、表題の言葉がよく用いられます。雨で土壌が緩んでいるとは、どういうことをいうのでしょうか。どうして危険なのでしょうか。そして気象庁では、この状況をどのようにして判断しているのでしょうか。本章では、この点について考えていきましょう。

第1節　地面に降った雨による崩壊現象のメカニズム

地表に降り注いだ雨は、どこに行くのでしょうか。1つの斜面の単位でいえば、大きく分けると地表を流れる水と地中に浸透する水となります。水文学の分野では樹木に付着した水、蒸発散する水等、詳細に分類しますが、土砂災害では、そこまでは表現しません。土砂災害で重要なのは、地中に浸透した水で、この水の量が崩壊現象に効いてくるのです。

地上にあるものは重力によって高いところから低いところへ落ちます。斜面においても地表にある転石が、落石となって斜面下に落ちることがあります。公園のすべり台に乗るとすべり落ちることと同じです。つまり、斜面は常に下方に力を受けていることになります。表層の土層は、すべて土の粒子で覆われているのではありません。約30％は土粒子の間の隙間（空気が入っています）があるのです（図6・1）。この空気が水に置き換わると相当な重量増となります。また、水が入ることで、土粒子間の摩擦力や粘土の持つ粘着力が低下するため、やがて土は、自分の重量に耐え切れず崩壊します。これが基本的な崩壊現象のメカニズムです（図6・1）。

もう一つの崩れ方としてパイピングによる崩壊があります。パイピングとは、地中にできた水の流れる通路ですが、ここに大量の水が流れ込むと崩壊してしまいます。災害現場

図6・1　土中の空気は雨が降ると水に置き換えられ、その分、土は重くなる（飯田（2012）を参考に加筆）

図6・2　崩壊斜面から水が染み出ている（図中矢印：湧出箇所）

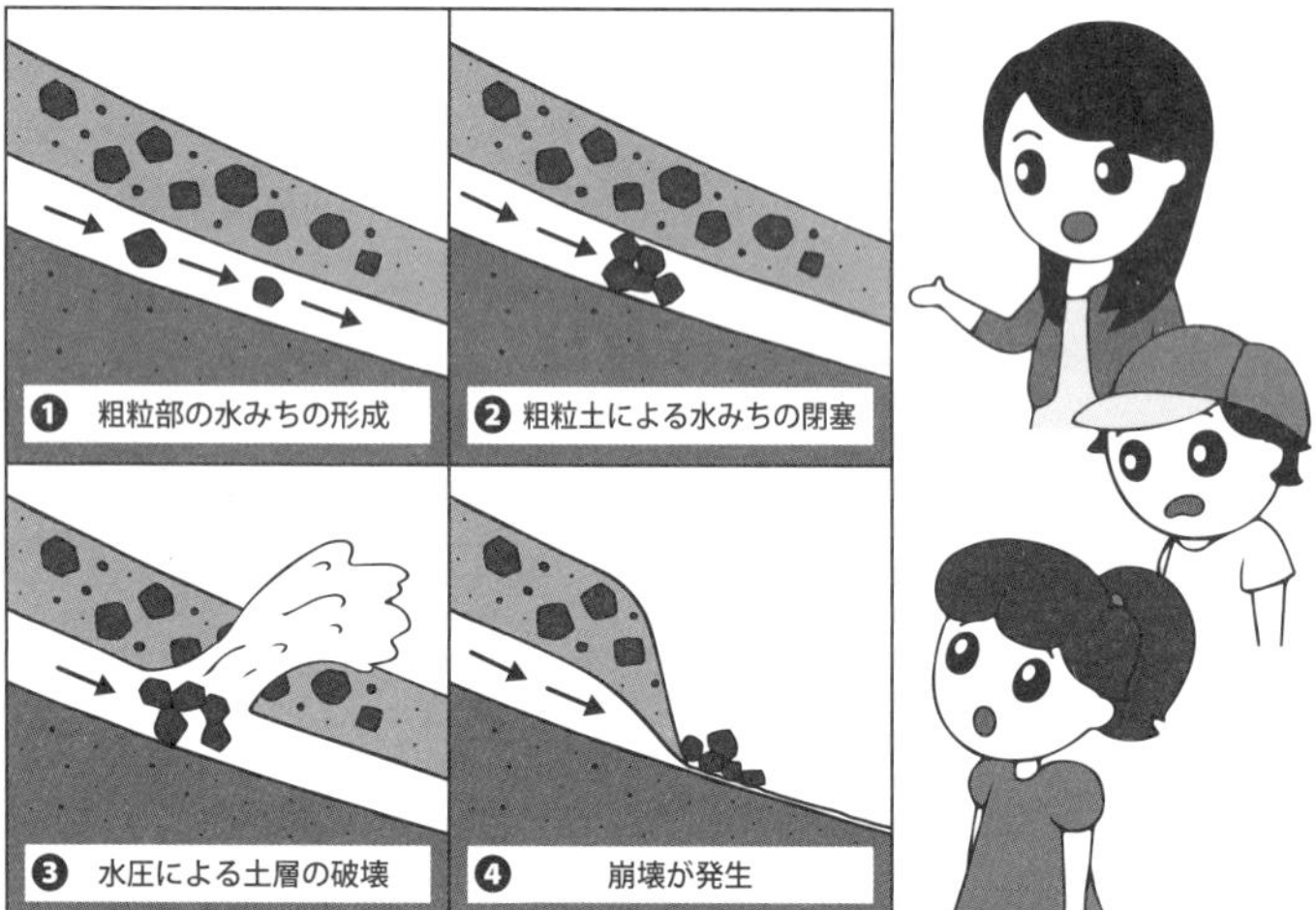

図6・3　パイピングのメカニズム（飯田（2012）を参考に加筆）

で調査すると、崩壊面にパイピングとみられる穴が多数存在し、一部水が湧出していました（図6・2）。土層中の隙間は、通常不規則に分布しますが、木の根やモグラなどの小動物の活動による穴が、パイピングになります。岩石の亀裂や小さな断層などもパイピングを構成することがあります。このパイピングですが、豪雨時に多量の水が流れると、土粒子やごみなどでパイプが詰まり、水圧がかかってパイプが破裂して崩壊するのです（図6・3）。

どちらの崩壊メカニズムも降雨の影響が大きいことがわかります。土砂災害の発生を抑制するには、降雨による水を斜面に入れないこと、また速やかに排出することが重要であり、このことを考えて防災対策を行ってきました。また、災害直後の崩壊斜面では、ブルーシートを被せていますが、これも崩壊地に必要のない水が入らないように応急対策を行っているのです。

第2節　土壌雨量指数

冒頭に述べましたが、天気予報では、「土壌が緩む」という言葉を聞く機会が増えました。これは、気象庁が全国津々浦々の土壌の状況を計測して述べているものではありません（図6・4）。大雨後に毎回発信するものでもありません。降雨データから計算される数値に基づいた状況をお伝えしているのです。

気象庁では、レーダ雨量を用いて解析雨量、予測雨量を含めた様々な降雨量を計算しています。

その一つに土壌に含まれる水分量を定義する指標があります。これを土壌雨量指数と呼びます。
土壌雨量指数は以下の通り定義されています。

「降った雨による土砂災害危険度の高まりを把握するための指標」

大雨に伴って発生する土砂災害（がけ崩れ・土石流）は、現在降っている雨だけでなく、これまでに降った雨による土壌中の水分量が深く関係しています。土壌雨量指数は、降った雨が土壌中の水分量としてどれだけ溜まっているかを、タンクモデルを用いて数値化したものです。この指標は、土砂災害の話をするときにはとても重要な位置を占めます。なぜなら、土壌雨量指数は、大雨警報（土砂災害）や土砂災害警戒情報等の基準値として用いられているからです。

土壌雨量指数は、道上・小島（１９７９）によって提唱された直列三段タンクモデルを用いて計

図６・４　土壌の緩み具合を計測して、避難のタイミングを評価
（実際は土壌雨量指数値で評価）

算します。道上・小島は、降雨が土中に浸透して、土の抵抗力を減少させることががけ崩れ発生の主原因と考え、土中の水分量をタンクモデルで表すことを考案しました（図6・5）。タンクモデルとは、穴のあいたタンクを用いて水の収支を考えるものです。みなさんはこの3つのタンクをみてどう思われるでしょうか。いちばん上のタンクに水（降雨）を入れると、タンクの下の穴から次のタンクに水が漏れてしまいます。また、タンクの水位が上がると横の穴から水が漏れてしまいます。下のタンクも同じです。水が供給されなければ、タンクはそのうち空になってしまいます。このモデルが、降雨と斜面の土壌の状況を適切に表現していると考えられています。

　具体的には、いちばん上のタンクに降雨が降り注いだとき、土壌に水分がない場合は、表層で水分は留まり、徐々に浸透してきます。しかし、一

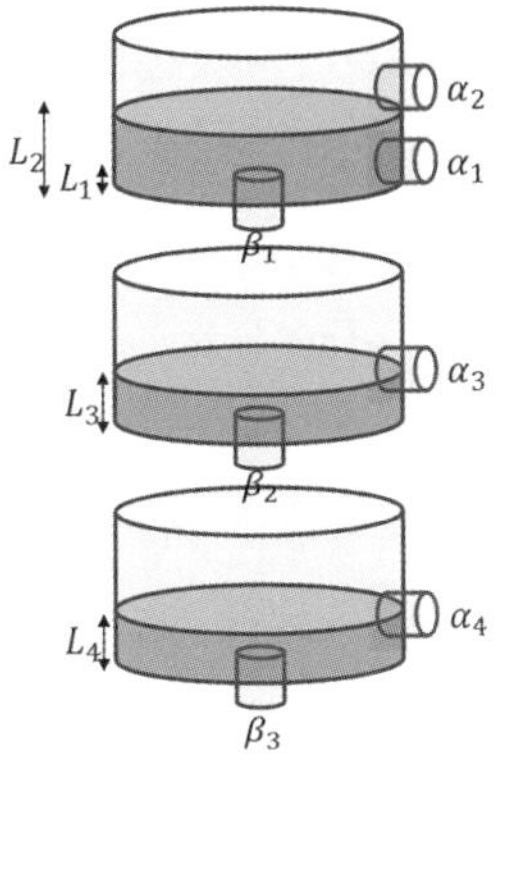

$$S_1(t+\Delta t)=(1-\beta_1)S_1(t)-q_1(t)+R(t;\Delta t)$$
$$S_2(t+\Delta t)=(1-\beta_2)S_2(t)-q_2(t)+\beta_1 S_1(t)$$
$$S_3(t+\Delta t)=(1-\beta_3)S_3(t)-q_3(t)+\beta_2 S_2(t)$$

$$q_1(t)=\alpha_1\{S_1(t)-L_1\}+\alpha_2\{S_1(t)-L_2\}$$
$$q_2(t)=\alpha_3\{S_2(t)-L_3\}$$
$$q_3(t)=\alpha_4\{S_3(t)-L_4\}$$

$$Q(t)=q_1(t)+q_2(t)+q_3(t)$$

$\alpha_1,\ \alpha_2,\ \alpha_3,\ \alpha_4$：流出孔の係数
$\beta_1,\ \beta_2,\ \beta_3$：浸透係数
$S_1,\ S_2,\ S_3$：１段目、２段目、３段目の貯留量
$q_1,\ q_2,\ q_3$：１段目、２段目、３段目の流出量
$L_1,\ L_2,\ L_4$：それぞれの流出孔の高さ
$R(t;\Delta t)$：時刻tから$t+\Delta t$の間の降雨量

図6・5　土壌雨量指数値のタンクモデル

定量以上の雨が降り注ぐと地表面を流れ下ります。2段目のタンクは、表層土壌を表しています。ここでも、タンクの底の穴は深層への浸透、側方の穴は表層浸透流出を表します。3段目のタンクは深層土壌を表し、タンクの底の穴は深い基底層への浸透、側方の穴は地下水流出を表現しています。土壌雨量指数は、3つのタンクにたまっている水量の総和として算定します。

　では、土壌雨量指数の計算は、どのようにしているのでしょうか。最上段のタンクに水（降雨量）を入れて、タンクに残った水の量を、土壌雨量指数（Qｔ）として用います。計算は図6・5の右に示した数式を用います。最上段のタンクに雨量の数値を加えた時、タンク内のQｔの値を求めます。土壌雨量指数は、降雨データの最小単位ごとに算定できるため、一連降雨のようなひと雨という単位はありません。

　土壌雨量指数の特徴として降雨後晴天時にもタンクの中に水が残っていることです。図6・6は、土壌雨量指数の変化を折れ線グラフで示しました。土壌雨量指数は、降雨があったとき（時間雨量の棒グラフがあるとき）に上昇し、降雨がない時は緩やかに下降します。前期降雨で相当量の降雨があった場合、降雨後の土中の水分量を表現することができます。天気予報の最後に『先の降雨で地盤はたいへん緩んでおりますので、これからの降雨には十分に注意してください』という言葉はこの数値を根拠に説明しているのです。

第3節　実効雨量

土壌雨量指数は、土壌中の水分量を評価する一つの降雨指標ですが、より簡略化した降雨指標が実効雨量です。算定式とイメージ図を図6・7に示しますが、一つのタンクモデルで表すことができます。この実効雨量は土砂災害の警戒避難基準雨量で用いられた指標で、このタンクモデルの穴の大きさを対象地域で最適化します。現在も、土壌中の水分量の推定や地下水位の表現に使用されています。土壌中の水分量を簡易的に表現でき、かつ土壌雨量指数と同様の数値を算出できることから、現在も実効雨量は有力な指標であり、多くの場面で採用されています。図6・6に同じ降雨データを用いて土壌雨量指数と実効雨量を算定し、時系列的な変化の相違を示しました。ここで用いた実効雨量

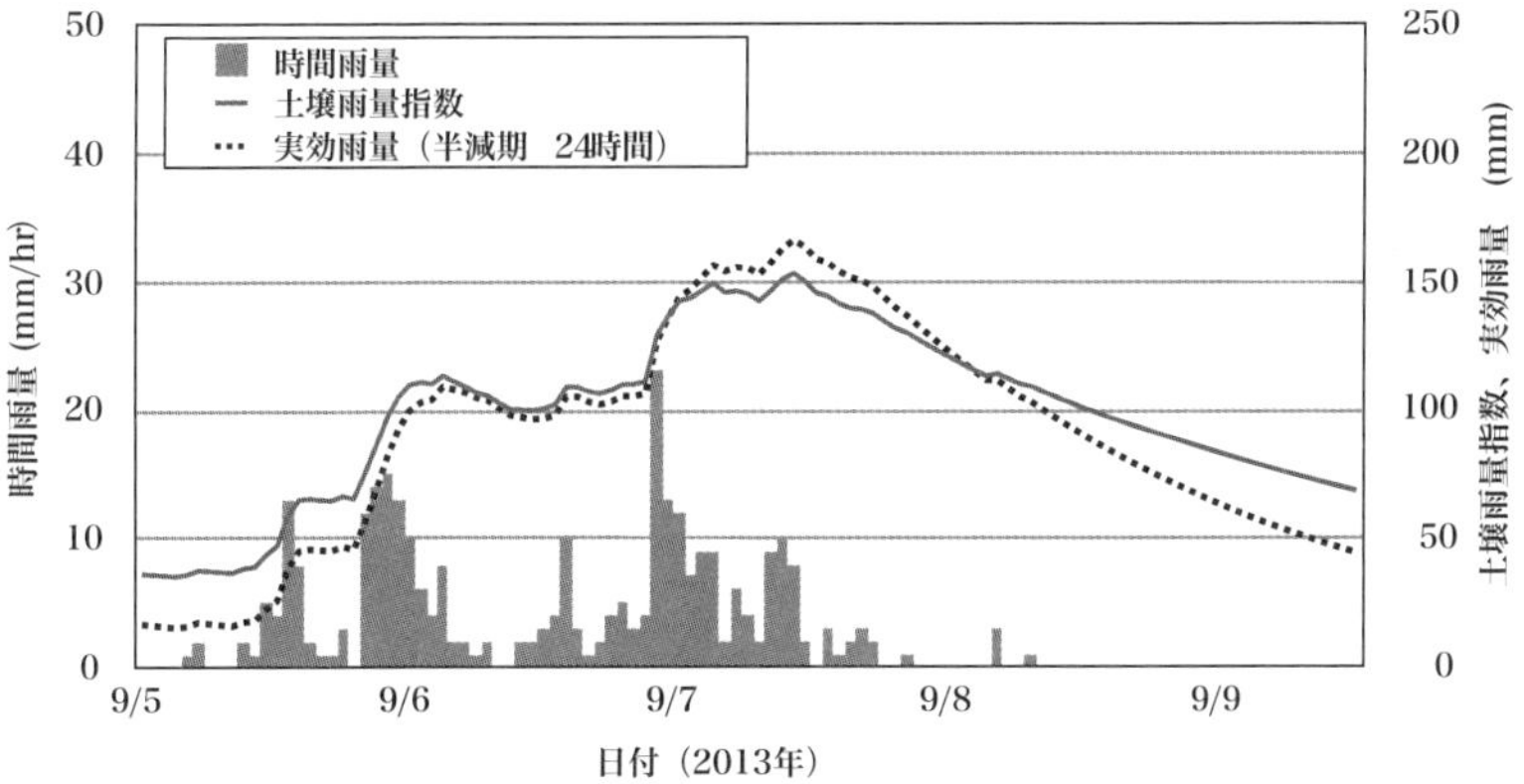

図6・6　土壌雨量指数値と実効雨量の比較【2013年児島】

の半減期（雨の影響が半分になる期間）は、土壌雨量指数の2段目のタンクに相当する値を用いているため、降雨直後は急激に上昇していますが、降雨終了後は緩やかに低下する傾向を示しています。表計算ソフトで簡易に計算できる数式で表現できるにもかかわらず、土壌雨量指数と同様の傾向を示すとても便利な降雨指標です。

参考文献

飯田智之（2012）：技術者に必要な斜面崩壊の知識、鹿島出版会、237頁

池谷浩（2014）：土砂災害から命を守る、五月書房、189頁

気象庁（2020）：土壌雨量指数、https://www.jma.go.jp/jma/kishou/know/bosai/dojoshisu.html」参照2020—05—16

国土交通省国土技術政策総合研究所（2001）：土砂災害警戒避難基準雨量の設定手法、国土技術政策総

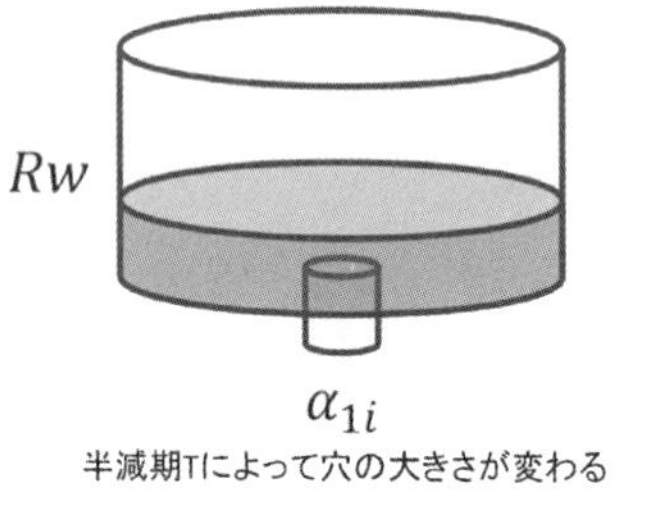

Rw
α1i
半減期Tによって穴の大きさが変わる

$$RW = \sum \alpha_{1i} \times R_{1i}$$

RW=実効雨量

R_{1i}：i時間前の1時間雨量

α_{1i}：i時間目の減少係数

$\alpha_{1i} = 0.5^{i/T}$　T：半減期（時間）

図6・7　実効雨量のタンクモデル

合研究所資料、第5号、58頁
道上正規・小島英司（１９７９）：集中豪雨による崖崩れの発生予測に関する研究、鳥取大学工学部研究報告第12巻、１６７～１７８頁
岡田憲治（２００７）：土壌雨量指数による土砂災害発生危険度予測の現状、土と基礎、第55巻、第9号、４～６頁
岡田憲治、牧原康隆、新保明彦、永田和彦、国次雅司、斉藤清（２００１）：土壌雨量指数、天気、第48巻、第5号、３４９～２５６頁
高谷精二（２００８）：技術者に必要な地すべり山くずれの知識、鹿島出版会、１５１頁

第7章　近年発生した土砂災害の傾向

近年は同時多発的な土砂災害が頻発しています。前章まで降雨指標について解説してきましたので、近年の土砂災害の傾向について降雨の視点から読み解いていきましょう。

第1節　地域によって災害が起こる雨量は異なる

平成26年の夏、広島市で同時多発の土砂災害が発生しました。この災害の特徴は、大都市周辺で発生した土石流災害で、被害が甚大になったことが挙げられます。同じような土砂災害は全国各地で発生していますが、被害を受けた地域が大都市周辺部であったのは、平成11年の広島災害以来でした。それでは、まず近年に発生した代表的な災害について、被災時の降雨量を表7・1にまとめましたので、確認したいと思います。

表7・1は近年発生した豪雨災害について、土砂災害に関する研究を行っている学会誌の一つである砂防学会誌に記載された災害を取りまとめました。同じ時期の豪雨で地域が異なる報告も

されていますが、その場合は、被害が最も大きかった地域の報告を引用しました。また、参考に昭和57年の長崎大水害と6・29広島災害は特別に加えることにしました。この二つの災害は、わが国の土砂災害対策の流れを変えた災害として挙げられるものです。被災日時は、引用した論文や参考資料を基に整理しました。表中の総降雨量と最大時間雨量は、引用文献に記載されているもの、あるいは文献中のグラフを読み解いたもの、実際に雨量データを収集して計算したものが混在しています。また、広域に豪雨があった災害については、個々の観測所によって降雨量が変化することもあります。ここで示した数値はおおよその傾向を分析するものとして考え

表7・1　近年の災害事例

No.	災害年	災害名	被災日	総降雨量 (mm)	最大時間雨量 (mm/hr)
1	S57	長崎大水害	1982/7/23	532	187
2	H11	広島 6.29 豪雨	1999/6/29	240	79
3	H15	大分豪雨	2003/11/28	628	98
4	H16	宮川村災害	2004/9/29	1261	150
5	H17	宮崎（鰐塚山）豪雨	2005/9/6	1358	56
6	H17	宮島災害	2005/9/6	239	33
7	H18	九州南部豪雨	2006/7/22	748	88
8	H21	防府災害	2009/7/21	296	60
9	H22	庄原豪雨	2010/7/16	173	72
10	H23	高知北川村豪雨	2011/7/19	1199	62
11	H23	十津川大水害	2011/9/3	1815	46
12	H24	九州北部（阿蘇）豪雨	2012/7/12	817	106
13	H25	山口・島根豪雨	2013/7/28	381	73
14	H25	伊豆大島豪雨	2013/10/16	824	119
15	H26	南木曽災害	2013/7/9	266	76
16	H26	広島豪雨	2014/8/20	247	87
17	H28	岩泉災害	2016/8/30	285.5	63
18	H29	九州北部豪雨	2017/7/5	458	139
19	H30	平成 30 年 7 月豪雨	2018/7/3	459	82
20	R1	台風 19 号豪雨	2019/10/1	607	75

てください。

　これらの災害を個々に整理すると降雨量について大変興味深い結果が得られます。表7・1中の総降雨量と最大時間雨量を軸に取った散布図を書くと図7・1になります。中国地方の災害を丸（白抜き）でマーキングしました。驚くべきことに、例外なく非常に少ない降雨で災害が発生しています。ここに挙げた7災害のいずれも総降雨量で500㎜未満、時間雨量も90㎜未満となっています。他地域の災害では南木曽及び岩泉の災害が

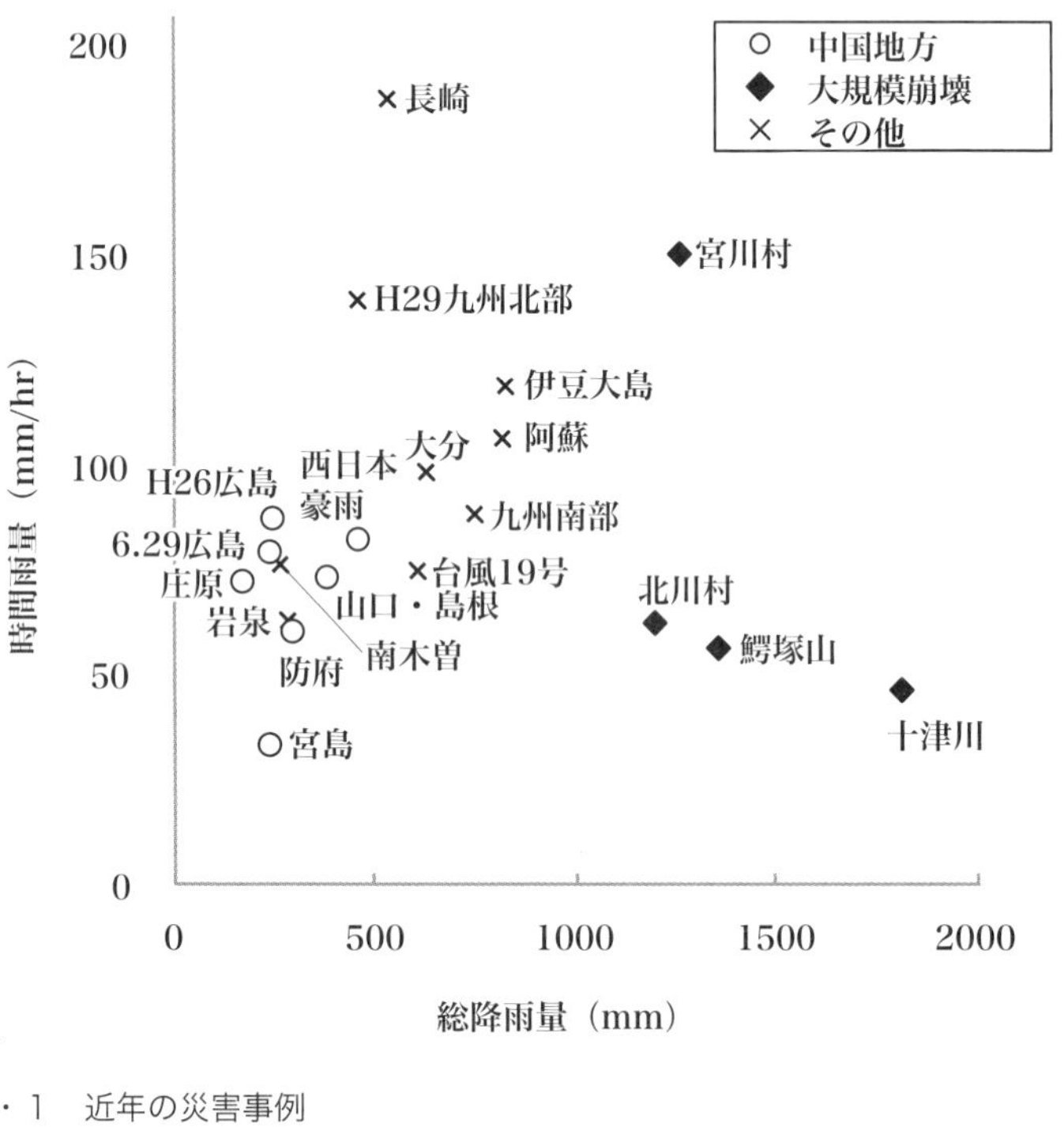

図7・1　近年の災害事例

同じ降雨領域で災害となっていますが、ほとんどが、総降雨量で500㎜以上、あるいは時間雨量で90㎜以上となっています。中国地方では、降雨量が少なくても災害が発生する危険性が高いことを認識しなくてはなりません。

では、なぜ中国地方では、降雨量が少なくても災害が発生するのでしょうか？　表7・2は中国5県の土砂災害警戒区域の箇所数を示しています。土砂災害警戒区域とは、急傾斜地の崩壊等が発生した場合には住民等の生命または身体に危害が生ずる恐れがあると認められる土地の区域で、当該区域における土砂災害による人的被害を軽減するために警戒避難体制を特に整備すべき土地の区域として政令で定める基準に該当するもので、都道府県知事が指定した場所をいいます（第9章で詳しく説明します）。土砂災害警戒区域は、想定される災害の種別によって、がけ崩れ、土石流、地すべりに分類されます。中国地方で発生する土砂災害の被害の多くは土石流災害ですが、土石流に関する土砂災害警戒区域の箇所数は広島県が第1位、島根県が第2位、山口県が第3位、岡山県が第6位と全国で見てもほぼ最上

表7・2　土砂災害警戒区域の指定状況（上段は箇所数、下段は箇所数の全国順位（全箇所数には、地すべりも含む）

都道府県	土石流	急傾斜地の崩壊	全箇所数
鳥取県	2,610	3,475	6,205
	33	37	37
島根県	13,248	18,299	32,268
	2	4	2
岡山県	6,747	5,646	12,590
	6	29	21
広島県	16,812	30,402	47,329
	1	1	1
山口県	9,866	15,409	25,604
	3	6	5

位をこの4県で占めています。土砂災害警戒区域の箇所数の総合順位で見ても広島県、島根県、山口県は上位5位を占めており、土砂災害に関して大変危険な地域であるといえます。急峻な山地の多い中部地方、近畿地方、四国地方と比較して、なだらかな山地である中国山地であるにもかかわらず土砂災害警戒区域の数は突出して多いのです。以上より中国地方は全国有数の土砂災害が発生する危険性の高い地域であることを意味しています。

図7・1中に黒いダイヤ（◆）で示した災害は、いずれも西南日本外帯（太平洋側の地域）で大規模崩壊（深層崩壊）が発生した災害です（図7・2）。これらの地域の特徴は、隆起量が速く、大起伏地形を呈しています。浸食量も大きいことから、斜面の高さ、長さが大きくなります。続いて、層理面と傾斜の方向が同じ流れ盤構造に基づいた岩盤クリープによって地層の変形や破壊が進んでいることが挙げられます（図7・3）。この地層の変形や破壊に伴って地表面には、大小の亀裂が入り、崩壊発生の誘因となる深層地下水への供給路となります。最

図7・2　深層崩壊のイメージ図

後に、多雨地域であることです。図7・1で確認できるように、この地域の災害は総雨量1000㎜を優に超えています。降雨は深層崩壊の直接的な誘因だけでなく、長期の岩盤クリープを推進する間接的な誘因にもなり得ます（飯田（2012）、千木良（2013））。

深層崩壊とは、「山崩れ・崖崩れなどの斜面崩壊のうち、すべり面が表層崩壊よりも深部で発生し、表土層だけでなく深層の地盤までもが崩壊土塊となる比較的規模の大きな崩壊現象。」と定義されています。西南日本外帯は、斜面の規模が大きく、谷底からの高さは数百mに達するため、不安定化した表層を下部のしっかりした岩盤が支えていますが、豪雨などで限界を超えてしまうと、上部斜面とともに下部斜面も崩落して、規模の大きな深層崩壊になります。

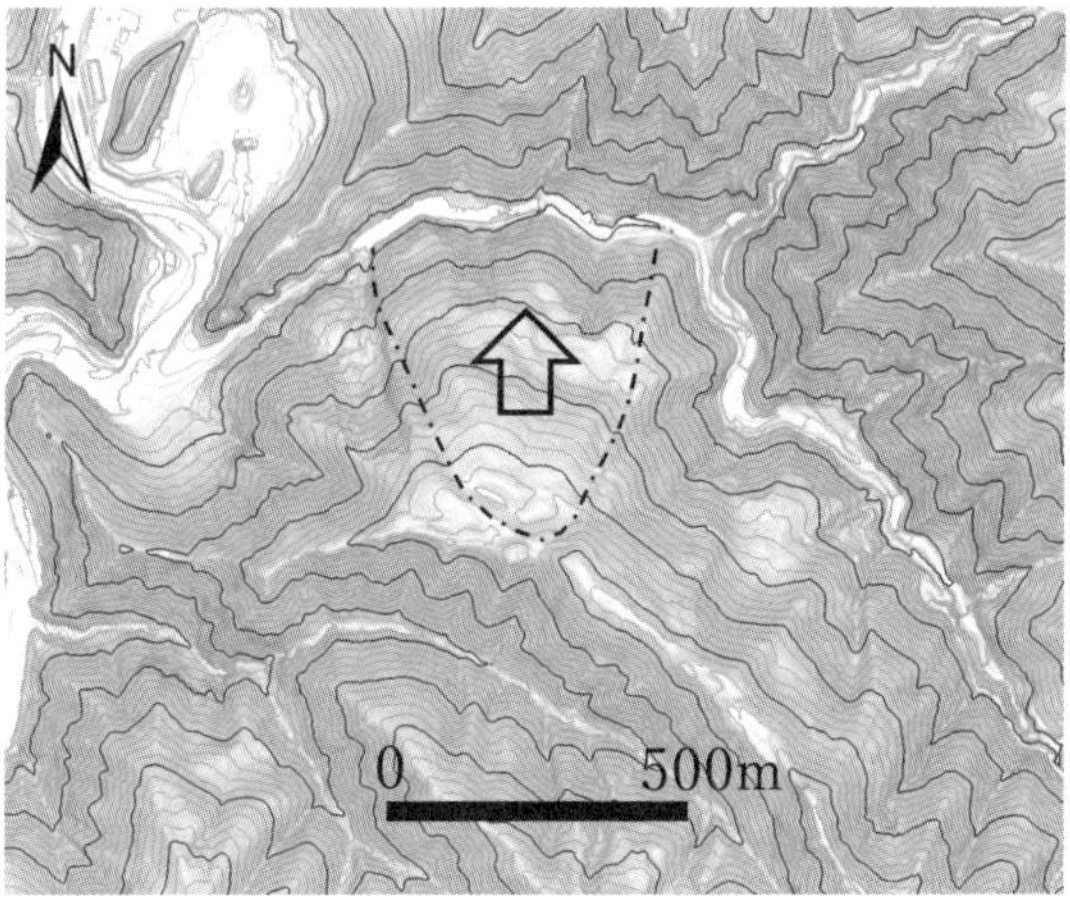

図7・3　図岩盤クリープによる斜面の移動

参考文献

荒木義則、増田榮三郎、水山高久（2001）：6・29広島土石流災害での目撃者証言による土石流の挙動、砂防

学会誌、第54巻、第1号、72～76頁
千木良雅弘（２０１３）：深層崩壊　どこが崩れるのか、近未来社、２３１頁
古川浩平他（２００９）：２００９年7月21日山口県防府市での土砂災害緊急調査報告、砂防学会誌、第62巻、第3号、62～73頁
林拙郎、土屋智、近藤観慈、芝野博文、沼本晋也、小杉賢一朗、山越隆雄、池田暁彦（２００４）：２００４年9月29日台風21号に伴って発生した三重県宮川村の土砂災害（速報）、砂防学会誌、第57巻、第4号、48～55頁
平松晋也他（２０１４）：平成26年7月9日長野県南木曽町で発生した土石流災害、砂防学会誌、第67巻、第4号、38～48頁
飯田智之（２０１２）：技術者に必要な斜面崩壊の知識、鹿島出版会、２３７頁
石川芳治他（２０１４）：２０１３年10月16日台風26号による伊豆大島土砂災害、砂防学会誌、第66巻、第5号、61～72頁
井良沢道也他（２０１７）：２０１６年8月30日台風10号による岩手県岩泉町及び宮古市における土砂災害、砂防学会誌、第69巻、第6号、71～79頁
井良沢道也他（２０２０）：２０１９年10月台風第19号による東北地方における土砂災害、砂防学会誌、第72巻、第6号、42～53頁
海堀正博他（２０１３）：２０１３年7月28日に山口県東部および島根県西部で発生した局地的集中豪雨による土砂災害、砂防学会誌、第66巻、第4号、48～55頁
海堀正博他（２０１４）：２０１４年8月20日に広島市で発生した集中豪雨に伴う土砂災害　砂防学会誌、第67巻、第4号、49～59頁
海堀正博他（２０１８）：平成30年7月豪雨により広島県で発生した土砂災害、砂防学会誌、第71巻、第4号、49～60頁
海堀正博、大村寛、久保田哲也、西村賢、古澤英生、井上新平（２００４）：大分県鶴見町における季節はずれの豪雨と土砂災害の特徴、砂防学会誌、第57号、第1巻、20～26頁

海堀正博、杉原成満、中井真司、荒木義則、山越隆雄、林真一郎、山下祐一（２０１０）：２０１０年7月16日に発生した広島県庄原市の土砂災害の緊急調査報告、砂防学会誌、第63巻、第４号、30～37頁
海堀正博、浦真、吉村正徳、藤本英治（２００６）：２００５年9月６日広島県宮島で発生した土石流災害、砂防学会誌、第58巻、第5号、18～21頁
国土交通省（２０１０）：全国における土砂災害警戒区域等の指定状況、https://www.mlit.go.jp/common/001334532.pdf、参照日２０２０―06―16
久保田哲也他（２０１２）：平成24年7月九州北部豪雨による阿蘇地域の土砂災害、砂防学会誌、第65巻、第４号、50～61頁
松村和樹他（２０１２）：２０１１年9月台風12号による紀伊半島で発生した土砂災害、砂防学会誌、第64巻、第5号、43～53頁
丸谷知己他（２０１７）：２０１７年7月の九州北部豪雨による土砂災害、砂防学会誌、第70巻、第４号、31～42頁
長崎大学学術調査団（１９８２）：昭和57年7月長崎豪雨による災害の調査報告書、１４５頁
清水収、地頭薗隆（２００７）：２００６年7月豪雨による九州南部の土砂災害、砂防学会誌、第60巻、第5号、60～65頁
笹原克夫、加藤仁志、桜井亘、石塚忠範、梶昭仁（２０１１）：平成23年台風6号により高知県東部で発生した深層崩壊、砂防学会誌、第64巻、第4号、39～45頁
国土交通省（２０２０）：深層崩壊の特徴、https://www.mlit.go.jp/mizukokudo/sabo/shinsouhoukai.html、参照日２０２０―07―15
谷口義信他（２００５）：２００５年9月台風14号による土砂災害、砂防学会誌、第58巻、第4号、46～53頁

第8章　土砂災害から国民を救う対策

わが国では昔から土砂災害はありました。近年豪雨が増え、土砂災害の頻度は多くなり、被災を繰り返してきました。このような状況を踏まえて、わが国では様々な対策がとられ現在に至っています。本章では、過去の歴史を振り返りつつ、わが国で現在行われている土砂災害を対象とした防災対策について説明していきます。

第1節　ハード対策

ハード対策とは、土砂災害を防止する対策のことをいいます。土砂災害が起こらないように現地に対策を施します。コンクリート擁壁、砂防ダム、落石防護柵といったコンクリートや鋼製の構造物を現地に設置し、落ちてきた石、崩れてきた土砂に対して、国民が生活する空間に到達しないように受け止める等、災害が発生する力に対抗して力で抑止する防災対策です（図8・1）。土砂災害は、土石流、地すべり、急傾斜地の崩壊（がけ崩れ）に分類されます。それぞれの災害は、発生形態が異なることから、想定される災害に対して適切な防災対策を実施しています。

土砂災害に対する砂防工事は明治時代中期から始まり、明治30年に砂防法が公布されて以来現在もおおむねそのままの形で運用されています。昭和に入り、地すべりを対象とした地すべり等防止法、がけ崩れを対象とした急傾斜地の崩壊による災害の防止に関する法律が制定されました。この3つの法律は、砂防三法と呼ばれ、以降ハード対策を主体とした土砂災害対策を推進してきました。

現在も土砂災害の発生の恐れの高い危険箇所に対してハード対策を施工しています。しかしながら、住宅等の新規立地などにより危険箇所は増加する傾向にあ

図8・1　ハード対策

り、危険箇所をすべてハード対策によって安全にするには、膨大な時間と費用が必要となる課題があります（図８・２）。

第2節　ソフト対策

平成11年6月29日に広島市と呉市を襲った6・29広島災害が、わが国の土砂災害対策を大きく変えるきっかけとなりました。土砂災害防止に関し、国民一人一人が自分の生命・身体を自ら守るという考えに立って判断し、行動することを念頭に施策を講じることが必要であると考えられました。そして、新たにソフト対策の概念を提示した土砂災害防止法が平成13年4月1日付で施行されました。

土砂災害防止法は、土砂災害から国民の生命・身体を保護するため、土砂災害警戒区域における警戒避難体制の整備等を始めとして、土砂災害特別警戒区域における一定の開発行為に対する制限や居室を有する建築物の構造規制等の他、避難に資する情報提供等により、土砂災害防止のための対策を推進することを目的としています。前出の砂防三法で実施されてきたハード対策に加えて、警戒避難体制の整備および開発行為の制限というソフト対策を新たに加えた土砂災害対策を可能にした法律です。

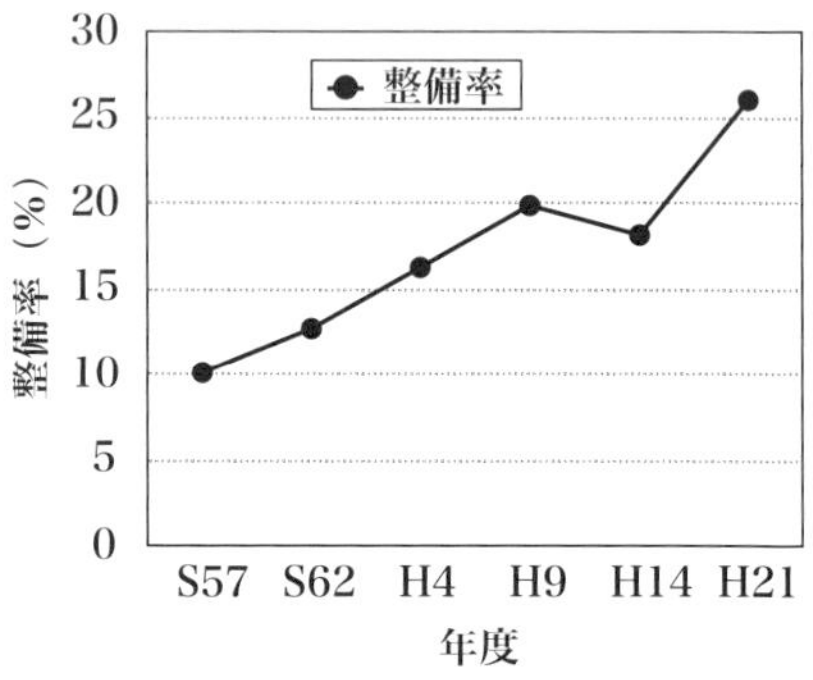

図８・２　急傾斜地崩壊危険箇所の整備率

以上より現在の土砂災害対策は、ハード対策とソフト対策の二つの視点から対策を実施しています（図8・3）。ハード対策は、国や自治体が計画し、建設業者などが施工して構造物を作るものです。これに対してソフト対策は、国民一人一人が自らの命を守るために自ら行動するものです。私たちがしっかりと理解し、行動することが重要になってきます。しかしながら、土砂災害防止法が施行され、20年経ちますが、当初の目的を達成しているかといえば、十分とはいえません。ソフト対策について、まだまだ国民の理解が行き届いていないのがその原因です。

第3節　平成30年7月豪雨を境に ソフト対策の考え方が転換

平成30年7月豪雨は、改めてソフト対策の大切さを認識した災害でした。この災害後に立ち上げられ

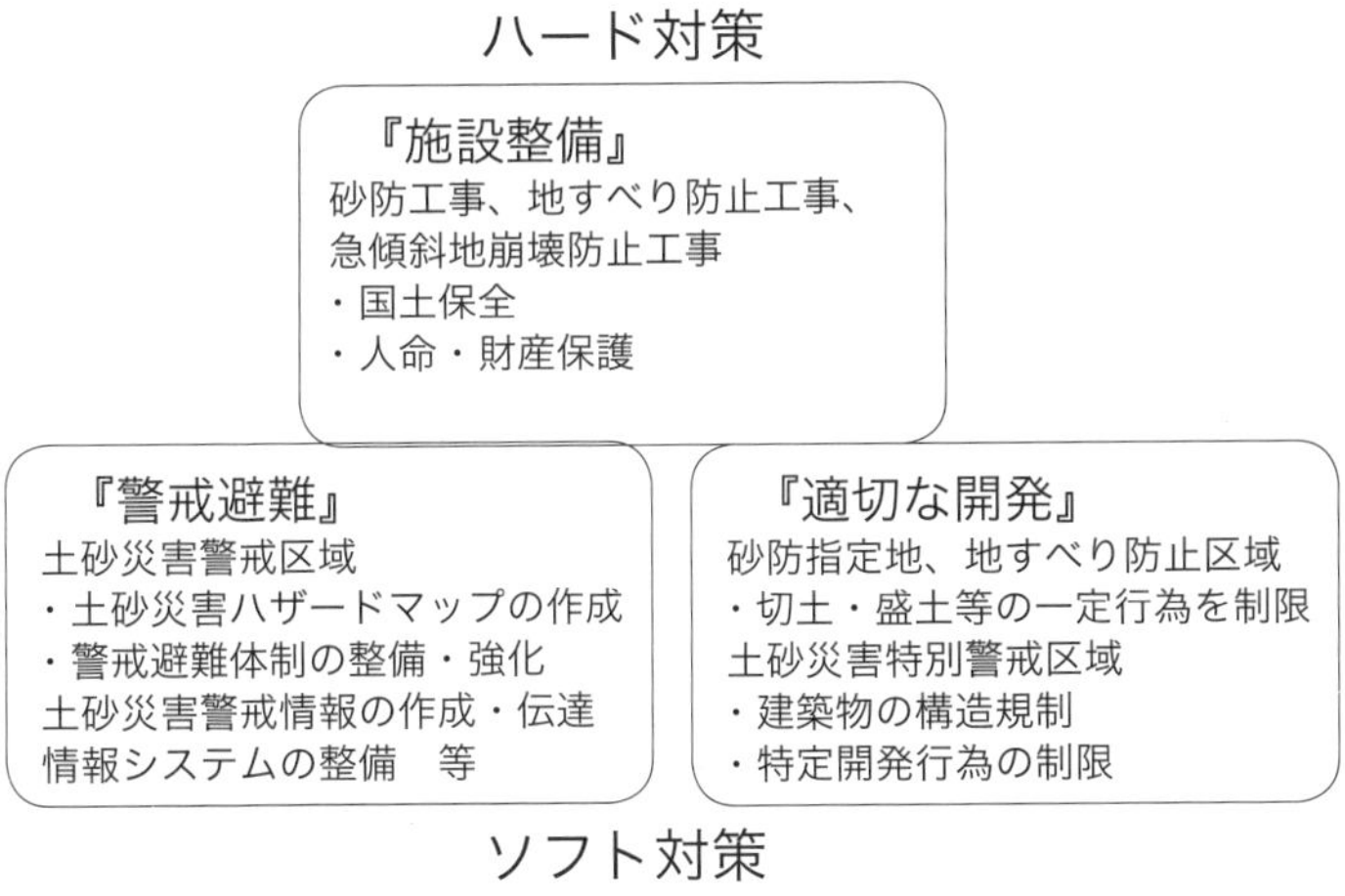

図8・3　総合的な土砂災害対策

たワーキングでは、ソフト対策について考え方を大きく転換させる提言を行いました。行政は防災対策の充実に不断の努力を続けていきますが、地球温暖化に伴う気象状況の激化や行政職員が限られていることから、突発的に発生する激甚な土砂災害への対応には限界があります。防災対策を今後も維持・向上するため、国民全体で共通理解のもと、住民主体の防災対策に転換していく必要があると現状の課題を報告しました。そして、目指す社会の在り方として、住民は「自らの命は自らが守る」という意識を持つこと。そして行政は、住民が適切な避難行動をとれるよう全力で支援することが挙げられました。実現するための戦略として3点の提言を行いました。

①災害リスクのあるすべての地域であらゆる世代の住民に普及啓発

子供たちは、災害リスクのある全ての小・中学校等における避難訓練・防災教育を行います。地域は、防災リーダーを育成し、防災力を強化します。高齢者には防災と福祉が連携し、高齢者の避難行動に対する理解と促進を図ります。

②全国で専門家による支援体制を整備

①の取り組みを支援するため、全国で地域に精通した防災の専門家による支援体制を整備します。

③住民の行動を支援する防災情報を提供

地域の災害リスクを容易に入手できるよう、各種災害のリスク情報を集約して一元化し、重ね合わせて表示します。防災情報を5段階の警戒レベルにより提供することなどを通じて、受け手側が情報の意味を直感的に理解できるような取り組みを推進します。

第4節　避難指示

再度申し上げますが、ソフト対策は私たちが主体となり、私たちが行動してこそ効果を発揮します。したがって、ソフト対策の効果を上げるには、よく知ることがとても大切になってきます。特に大切なことは避難に関する情報を理解することです。効果的な避難を実行するにはどうしたらよいのでしょうか。

避難に関する情報提供は、市町村長が行います。これが避難指示です（図8・4）。避難指示の時に速やかに移動するのが避難のタイミングとして良いです。

では、市町村長は、いつ避難指示を出すのでしょうか。避難指示を発表するタイミングは土砂災害警戒情報の発表です。土砂災害警戒情報については、第3章で説明しました。土砂災害に関する避難において最も重要な情報です。過去の土砂災害と降雨の経験から地域ごとに最適な降雨基準を設定し、2時間後の予測雨量がその基準を超過したときに土砂災害警戒情報が発

図8・4　避難指示

表されます。この流れを理解している市町村長は、土砂災害警戒情報が発表されたら、速やかに避難指示を出すはずです。2時間後というのは、避難に要する時間を想定しています。土砂災害警戒情報発表後に、避難指示発令について、自治体で協議する時間が長いほど、住民が避難する時間が短くなるということを意味します。それは住民にとって良いことではありません。

私たちもこのことを理解しておかなければなりません。避難指示及び土砂災害警戒情報が発表されたときを避難開始の最後のタイミングと考え、速やかに行動して下さい。

参考文献

海堀正博他（２０１４）：２０１４年8月20日に広島市で発生した集中豪雨に伴う土砂災害、砂防学会誌、第67巻、第４号、49～59頁

内閣府（２０２０）：災害対策基本法、http://www.bousai.go.jp/taisaku/kihonhou/index.html'、参照日：２０２０—05—26

内閣府（２０１８）：平成30年7月豪雨を踏まえた水害・土砂災害からの避難のあり方について（報告）（概要版）、http://www.bousai.go.jp/fusuigai/suigai_dosyaworking/index.html'、参照日：２０１８—06—16

砂防学会（１９９１）：砂防学講座、第1巻—1、砂防総論（1）、山海堂、１７２頁

佐藤丈晴（２０１５）：命を守るための土砂災害読本 岡山県過去20年の降雨量に基づいて、吉備人出版、１２６頁

全国治水砂防協会（２０００）：砂防関係法令例規集、１５０６頁

全国治水砂防協会（２０１６）：改訂版土砂災害防止法令の解説 土砂災害警戒区域等における土砂災害防止対策の推進に関する法律、３６５頁

第9章　土砂災害警戒区域

土砂災害ハザードマップを確認すると、赤色と黄色で危険箇所が示されています。この範囲は対象となる危険箇所で土砂災害が発生した場合に被害を受ける範囲として定義されています。この範囲はどのように決められているのでしょうか。本章では、土砂災害の危険度が高い場所について解説していきます。

第1節　土砂災害危険箇所

土砂災害ははるか昔からあった現象で、その名残は地形に明確に残されています（次章）。しかし、この土砂災害が社会的注目を集めたのは、比較的最近のことです。特に土石流対策について本格的に取り組むことになったのは、昭和41年9月西湖（富士五湖のひとつ）周辺で発生した「西湖災害」です。死者94名の大災害となり、社会的に大きく取り上げられました。土石流対策における社会的な要請を受け、建設省（現在の国土交通省）は、昭和41年11月から土石流発生危険渓流の全国調査を始めましたが、この調査が、土石流対策の本格的な開始時期であったといえます。この調査の目的は、過去の災害事例に基づき、地形・地質等類似の自然的条件下にある渓流を選び出し、土石流が発生した場合の想定被害人家、公共施設等の保全対象の多寡を明らかにし、この二つの組み合わせによって土石流対策を講ずるべき渓流を把握することでした。これがわが国初の土石流危険渓流調査です。昭和42年から急傾斜地崩壊危険箇所調査が、昭和44年から地すべり危険箇所調査がそれぞれ始まりました。

国土交通省の定義によると、土砂災害危険箇所は、警戒避難体制を構築し土砂災害による被害を防止するために設定されました。土砂災害危険箇所とは、土石流危険渓流のほかに、地すべり危険箇所、急傾斜地崩壊危険箇所があり、これらをまとめた総称です。

［1］土石流危険渓流：土石流による被害の発生するおそれのある渓流

［2］地すべり危険箇所：地すべりによる被害の発生するおそれのある箇所

［3］急傾斜地崩壊危険箇所：急傾斜地の崩壊（がけ崩れ）により被害のおそれのある箇所

土砂災害は、土石流、地すべり、急傾斜地の崩壊の三種類に分類され、災害が発生する場所、形態、被害範囲等大きく異なるために分けて考えられています。

まず、「土石流」ですが、渓流と呼ばれる谷で発生します（図9・1）。谷の上流から降雨等の水と崩壊した土砂あるいは谷にたまっている土砂が同時に流れ下り、高速道路を走行する自動車のスピードと同じくらいの速度で、谷の出口に土砂を供給します。その谷の地質や土砂の種類によって、数mの巨礫や倒木とともに流れ下ります（土石流とともに流れ下る木を流木といいます）。そのため、土石流は木造建築を破壊し、押し流す破壊力を持ちます。土石流の発生の危険性があり、人家に被害を及ぼす恐れのある渓流を「土石流危険渓流」と呼びます。

つづいて、「地すべり」ですが、読んで字のごとく地面がすべる現象をいいます（図9・2）。緩やかな斜面の地下に公園のすべり台のような面（これをすべり面といいます）ができ、その上に乗っている地盤がすべり面の上をすべるように動く現象です。地すべり地には、地すべり地形といわれる傾斜が緩く、また形も特徴的な地形が存在しています。このような地すべり地形は研究報告も多く、その実態が明らかにされています。したがって、地すべりは、「地すべりは特定の地質に発生し、地すべり地形という特徴的な地形を形成しながら土塊が緩慢に移動する現象」と定義されています。このような地すべりの危険性が高い地域を「地すべり危険箇所」と呼びます。

最後に「急傾斜地の崩壊」ですが、「がけくずれ」といえ

図9・1　土石流

図9・2　地すべり

ば、なじみのある言葉になるでしょう。何らかの原因によって斜面の一部分が安定性を失い、土砂が集団となって下方へ移動するもので、山地斜面に発生した急激な土砂の移動現象をいいます（図9・3）。このような急傾斜地の崩壊による災害の危険性の高い箇所を『急傾斜地崩壊危険箇所』といい、傾斜度30度以上、高さ5ｍ以上の急傾斜地で人家に被害を及ぼす恐れのある箇所と定義されています。

防災対策は、この土砂災害危険箇所から優先的に実施されています。ハード対策の整備率はまだ土砂災害危険箇所の3割弱（図8・2）しか達成できておりません。このような現状では、ソフト対策での対応にならざるを得ません。土砂災害防止法では、専門技術者が集中的に土砂災害危険箇所を調査（基礎調査といいます）し、「土砂災害特別警戒区域（レッドゾーン）」と「土砂災害警戒区域（イエローゾーン）」を指定することになっています。基礎調査の対象は土砂災害危険箇所を主として、現地調査などを踏まえ選定します。国土交通省における現時点の調査達成状況は、約67万箇所であり、令和元年度末に完了しました（図9・4）。全国にあるコンビニエンスストアが約5万6000箇所なので、その10倍以上の箇所数となります。コンビニエンスストアと比較すると、土砂災害警戒区域が如何に多いかがわかります

図9・3　急傾斜地の崩壊

では、土砂災害特別警戒区域（レッドゾーン）と土砂災害警戒区域（イエローゾーン）に指定されるとどういう意味を持つのか説明していきましょう。

第2節　土砂災害特別警戒区域

土砂災害特別警戒区域（レッドゾーン）は、想定された災害が発生した場合に、土砂災害により建築物に作用すると想定される力が、通常の建築物の耐力を上回る地域です。これらの力は、物理学的に計算式が決まっています。この計算式に当てはめて力の大きさを判定し、著しい危害の恐れのある範囲を決めるのです。建築物の耐力は建築物によって変わりますので、この計算は、極端に言えば一軒ずつ計算して判定しています。大変詳細な計算によって求められているのですが、これが完全であるとは言い切れません。あくまで基礎調査によって想定される規模の土砂災害が発生したときの範囲であり、こ

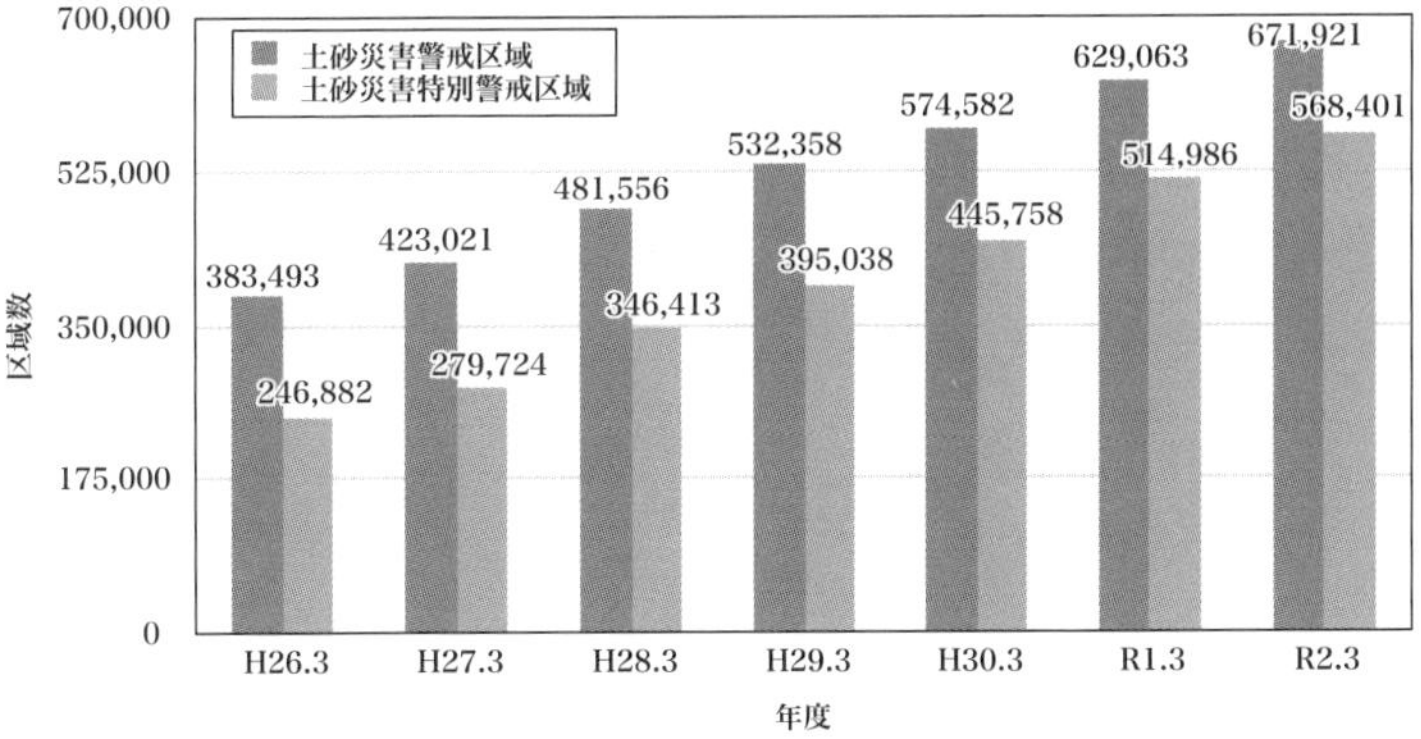

図9・4　土砂災害警戒区域数の変遷（国土交通省（2020））

れを超える災害が発生した場合は、その周辺にも被害が及ぶことを理解しておく必要があります。

このことから、土砂災害に対して最も対策を講じなければならない地域であると言えます。ひとたび災害が発生すれば、この建築物にいること自体命の危機にさらされているということです。

第3節　土砂災害警戒区域

続いて、土砂災害警戒区域（イエローゾーン）です。こちらは、レッドゾーンの外側を取り巻く形で分布しています。土砂災害の発生によって影響を受ける恐れがある地域と考えてよいでしょう。しかし、注意しておく必要があります。それは、前節で説明した通り「想定された」土砂災害が発生したと仮定している点です。つまり、想定以上の土砂災害が発生した場合等においては、土砂災害警戒区域でも家屋が流されてしまう場合もあるからです。第1章の平成30年7月豪雨の事例（第

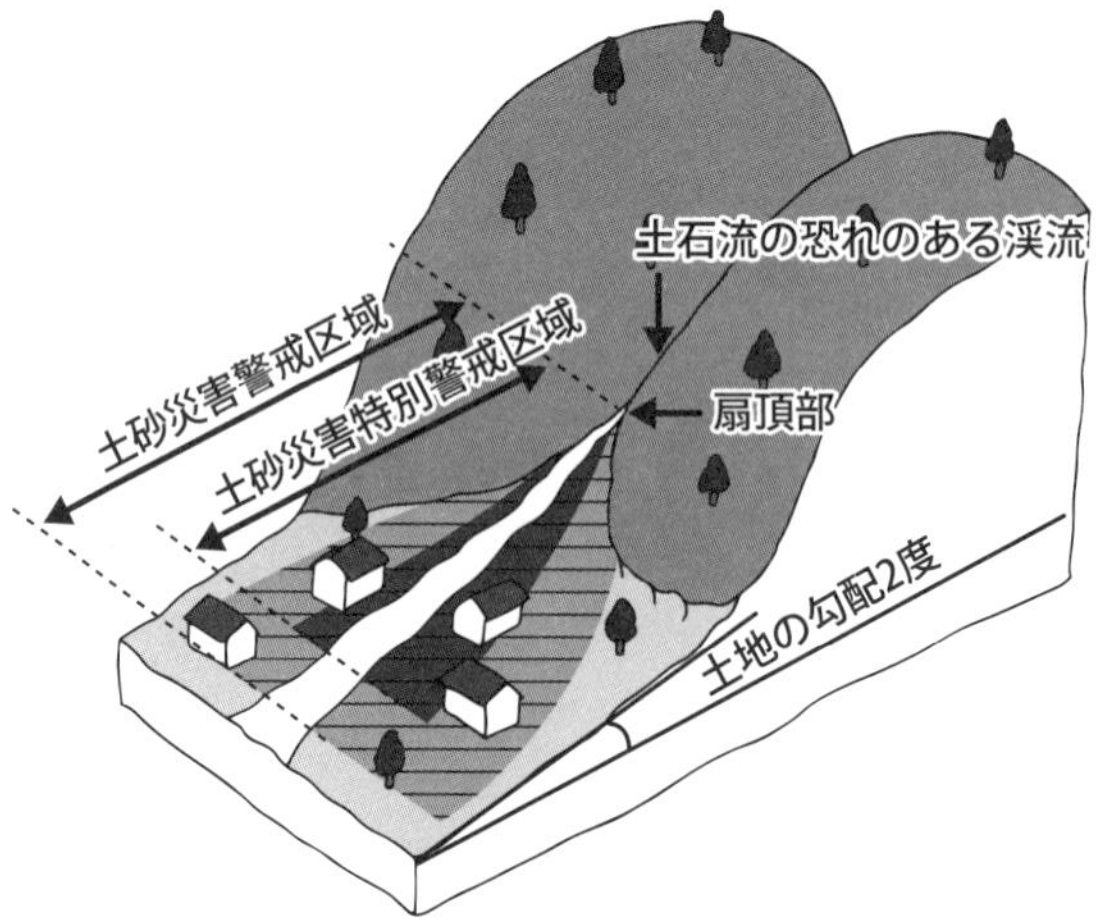

図9・4　土砂災害警戒区域（土石流）

2節、第3節、第4節）では、被害を受けた家屋はいずれもレッドゾーンではなく、イエローゾーンの家屋でした。

土砂災害警戒区域は、地形を目安に決められています。図9・4〜図9・6にかけて、土石流危険渓流、地すべり危険箇所、急傾斜地崩壊危険箇所における土砂災害警戒区域のイメージ図を示していますが、図中に地形を用いた値が提示されています。これらの地形は、過去の災害経験に基づいて設定されています（次章説明）。

以上、土砂災害警戒区域は、土砂災害の土砂が到達する範囲となっています。宅地内に土砂が流入することを想定しており、場合によっては家屋が流されてしまいます。自宅の1階にいることは大変危険な行為であり、個々の宅地ごとに避難のタイミングを考えておく必要があるのです。

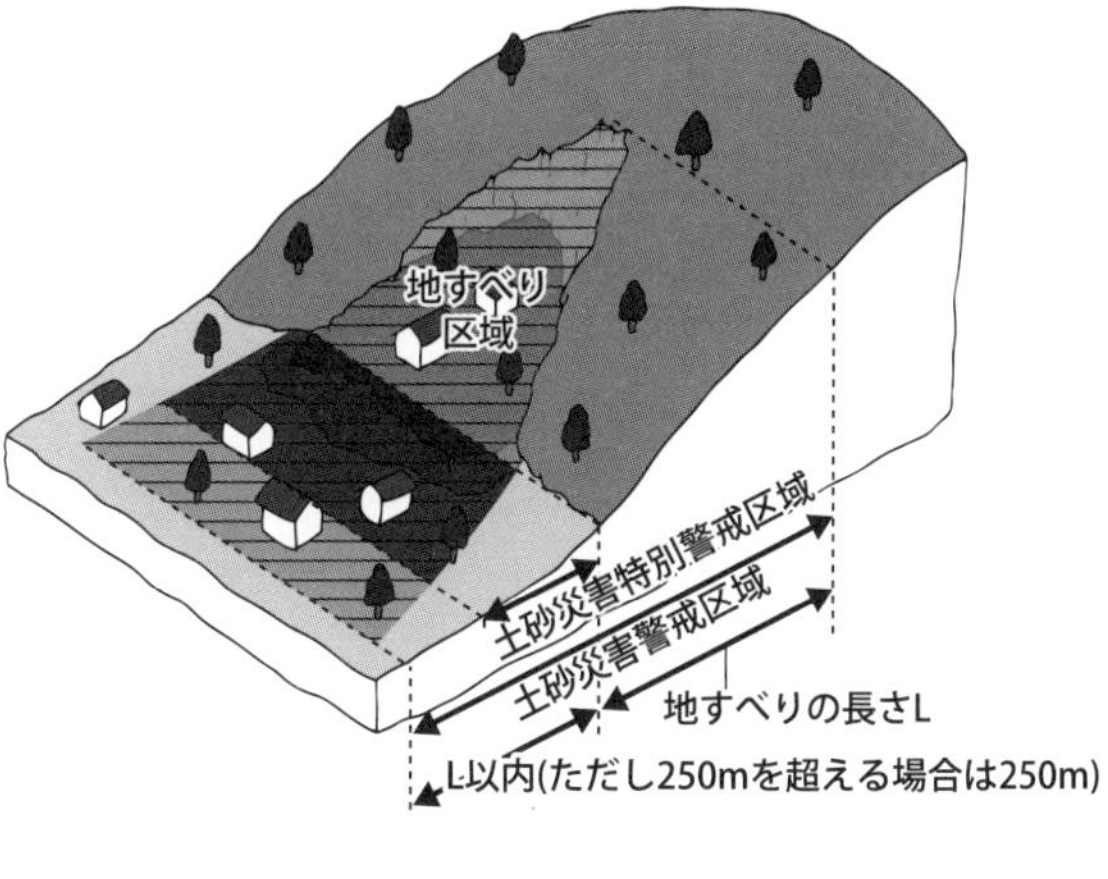

図9・5　土砂災害警戒区域（地すべり）

参考文献

東三郎、高谷精二（1991）：砂防学概論、鹿島出版会、254頁

小橋澄治（1993）：山地保全学、文永堂、280頁

国土交通省（2020）：土砂災害危険箇所、https://www.mlit.go.jp/mizukokudo/sabo/doshasaigai_kikenkasho.html、参照日：2020—05—27

国土交通省（2020）：土砂災害のリスク情報の見える化に向けて前進！ ～土砂災害警戒区域に関する基礎調査の実施目標を達成～、https://www.mlit.go.jp/report/press/sabo01_hh_000102.html、参照日：2020—11—29

国土交通省河川局砂防部砂防計画課（2003）：土石流危険渓流及び急傾斜地崩壊危険箇所に関する調査結果の公表について、https://www.mlit.go.jp/kisha/kisha03/05/050328_.html、参照日：2020—05—30

日本フランチャイズチェーン協会（2020）：コンビニエンスストア統計データ、https://www.jfa-fc.or.jp/particle/320.html、参照日：2020—11—29

全国治水砂防協会（2016）：改訂版土砂災害防止法令の解説、全国治水砂防協会、459頁

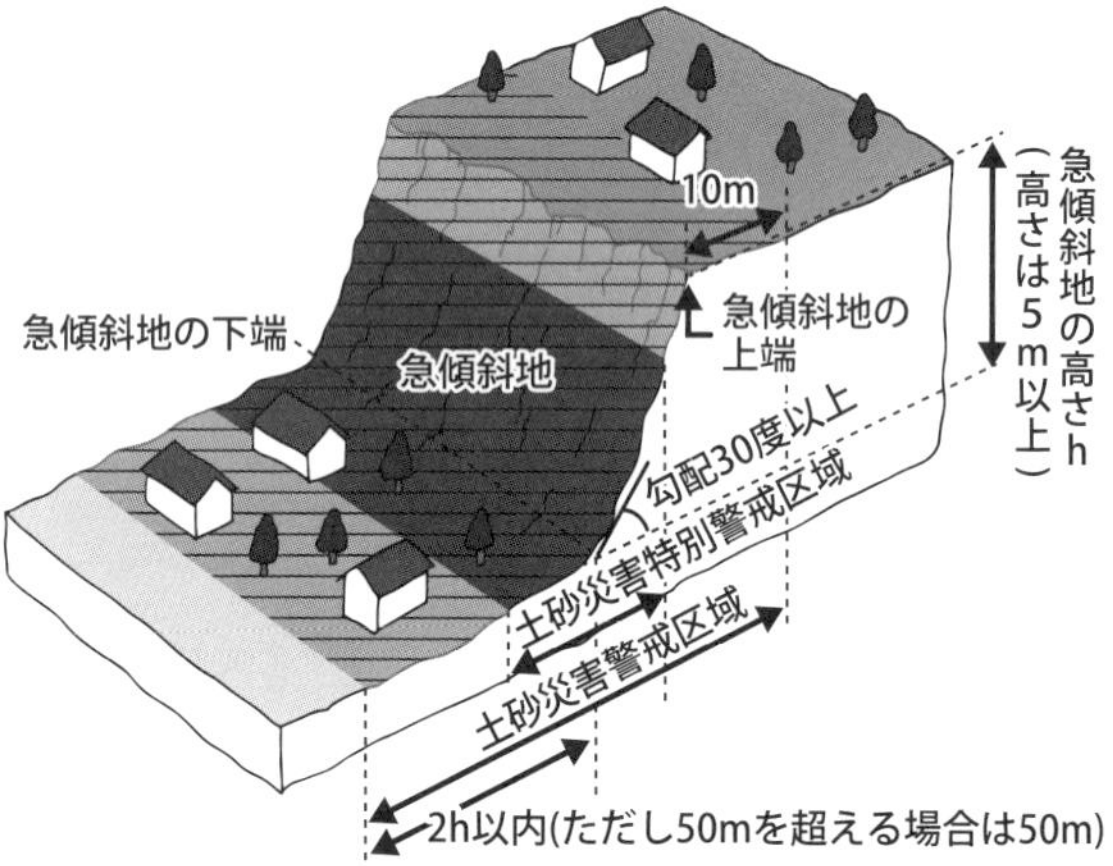

図9・6　土砂災害警戒区域（がけ崩れ）

第10章　土砂災害が起こりそうな場所

平成30年7月豪雨では多数の箇所で土砂災害が発生し、甚大な被害となりました。同時に数多くの災害が発生したため、筆者も災害発生直後に50箇所以上の現地調査を実施し、その傾向を調査しました。この結果から、私たち一般の住民が土砂災害で被災の可能性のある場所を判定できる情報があることに気づきました。本章では、ハザードマップに記されていない危険な場所の見つけ方についていて説明いたします。

第1節　災害が発生している場所の傾向

図10・1は、筆者が調査した平成30年7月豪雨時に発生した土砂災害の場所について整理した結果です（佐藤・海原（２０１８））。調査箇所の58％が土砂災害警戒区域内で発生した災害です。このうち1箇所を除いて全壊家屋、半壊家屋および土砂流出（泥水を除く）の範囲はすべて土砂災害警戒区域内に収まりました。土砂災害警戒区域内で流出土砂が留まり、範囲外に被害が及ば

なかったことは、土砂災害警戒区域の信頼性が高いことを意味しています。

図10・2は、全国の土砂災害警戒区域で死者・行方不明者を記録した土砂災害が発生した場所の割合です（国土交通省（２０１４））。図10・1と同様、土砂災害は、土砂災害警戒区域でない場所でも発生しています。この理由は、全国には土砂災害警戒区域が60万箇所以上ありますが、土砂災害警戒区域として指定されていない斜面や渓流の数は、その数をはるかに超えるからです。このデータは、土砂災害警戒区域でない場所でも土砂災害が発生することを示しており、土砂災害に対する対策が必要であるという客観的なメッセージを発信しています。

土砂災害ハザードマップには、土砂災害警戒区域がわかりやすく記載されています。土砂災害警戒区域では十分に注意し、豪雨時には避難を考える必要があります。しかし、土砂災害警戒区域以外でも危険な箇所があるのです。被災履歴から土砂災害警戒区域に含まれていないからといって完全に安全な場所とは言えないのです。

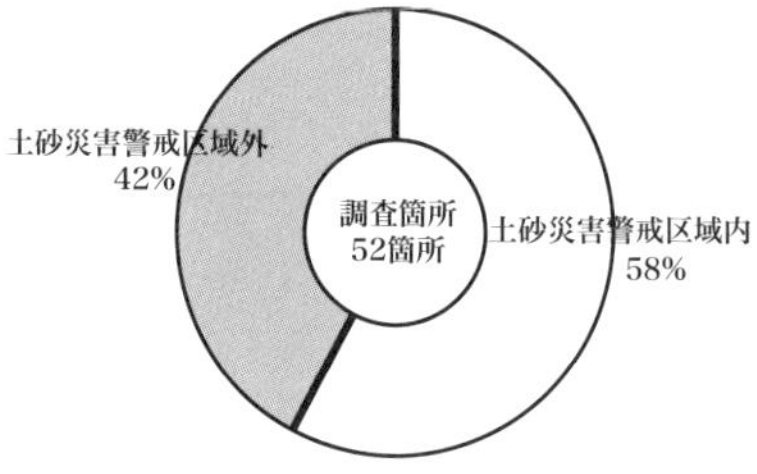

図10・1　平成30年７月豪雨において土砂災害警戒区域で土砂災害が発生した割合（佐藤、海原（2018））

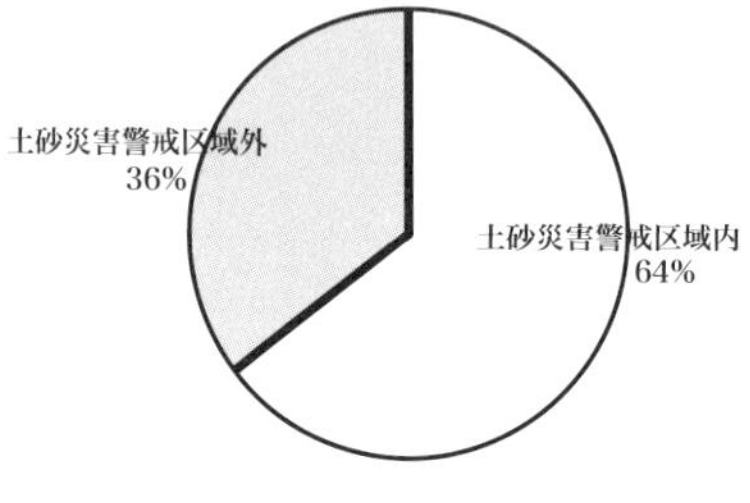

図10・2　死者行方不明者が出た土砂災害が発生した割合（国土交通省（2014））

第2節　地形から過去の災害を読み解く

では、「土砂災害警戒区域と指定されていない場所で、危険な箇所はどこなのか」ということを誰もが感じると思います。結局専門家に頼らなければならないのであれば、残念なことです。私たちだけでも判断できることはないのでしょうか。その方策の一つとして、過去の災害の経験を活かすことが挙げられます。昔の人たちも災害を経験し、活かしてきました。例えば、昔は河川の治水が十分でなく浸水被害が多発していました。しかし、その経験を活かして、浸水しない微高地である自然堤防上に居住することで被害を軽減しました。私たちも同じようなことができないでしょうか。

土砂災害が発生したところは、その後どのようになっているのでしょうか。都市部で土砂災害が発生したならば、すぐに土砂は片づけられて、元通りに戻されます。しかし、1万年前はどうだったでしょうか。おそらくそのままになっていたでしょう。土石流であれば、渓流の出口から土砂が流れ出て、そのまま堆積します。たった一度の災害では、大した量の土砂は流れ出ませんがこれが同じ地域で続けばどうなるでしょうか。谷の出口には膨大な土砂が堆積し、土石流地形（扇状地）ができます（図10・3）。３Dで示された図10・3の手前側に土石流地形の断面図を示しました。山地地盤と低地地盤に対して、谷出口では、谷から流れてきた土砂が堆積しています。

谷出口に近い位置では、礫径の大きな材料が複雑に堆積し、堆積土砂の末端付近では、細砂や粘土主体の材料になっています。このことを理解しておけば、谷の出口から山の傾斜よりも緩やかな斜面が広がっている情景や地形図を見たとき、この地域は昔から土石流が頻発した地域だと判断できます。この緩やかな斜面と完全な平地の境界部が堆積土砂の末端を示しており、過去の土砂災害でここまで土砂が流れてきた証拠です。このような地形は、過去の災害経験をものがたり、今後災害が発生する可能性を測る一つの指標になります。この末端部の位置ですが、土石流危険渓流における土砂災害警戒区域では、勾配が2度となる地点を目安としています。

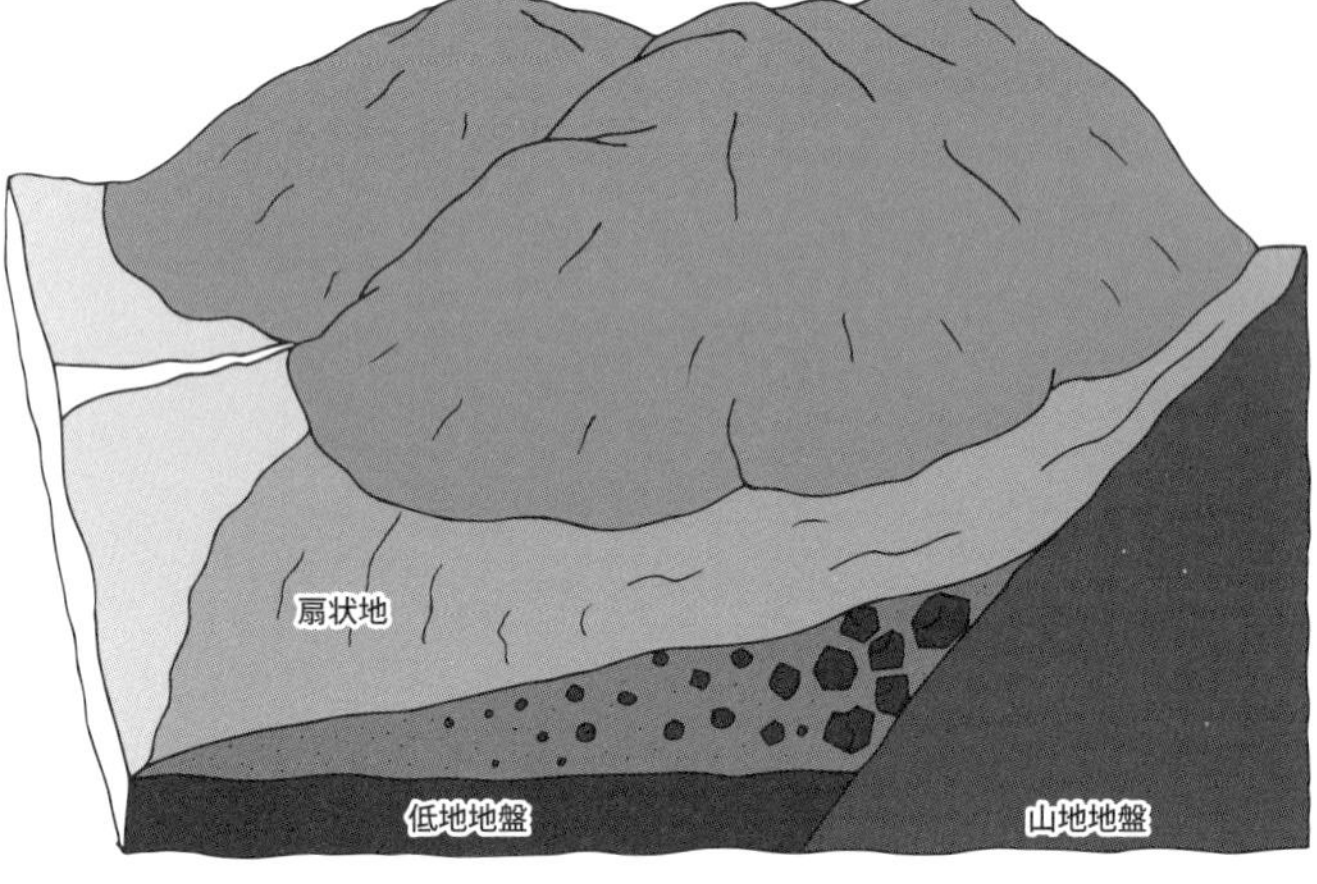

図10・3　土石流地形（扇状地）

がけ崩れに関しても同様のデータがあります。図10・4にがけ崩れの崩土の到達距離と崩壊高さのデータを示しました。崩土の到達距離／崩壊高さが2・0を下回る確率が96・2％となっています。このことから斜面直下に居住し、かつ土砂災害警戒区域などが指定されていない場合は、（地形図等で）斜面高さを測り、その2倍以上の水平距離となるところにいれば、ほとんど崩土が届かないことになります。続いて、図10・5は崩土の距離を計測した結果を示しました。がけ崩

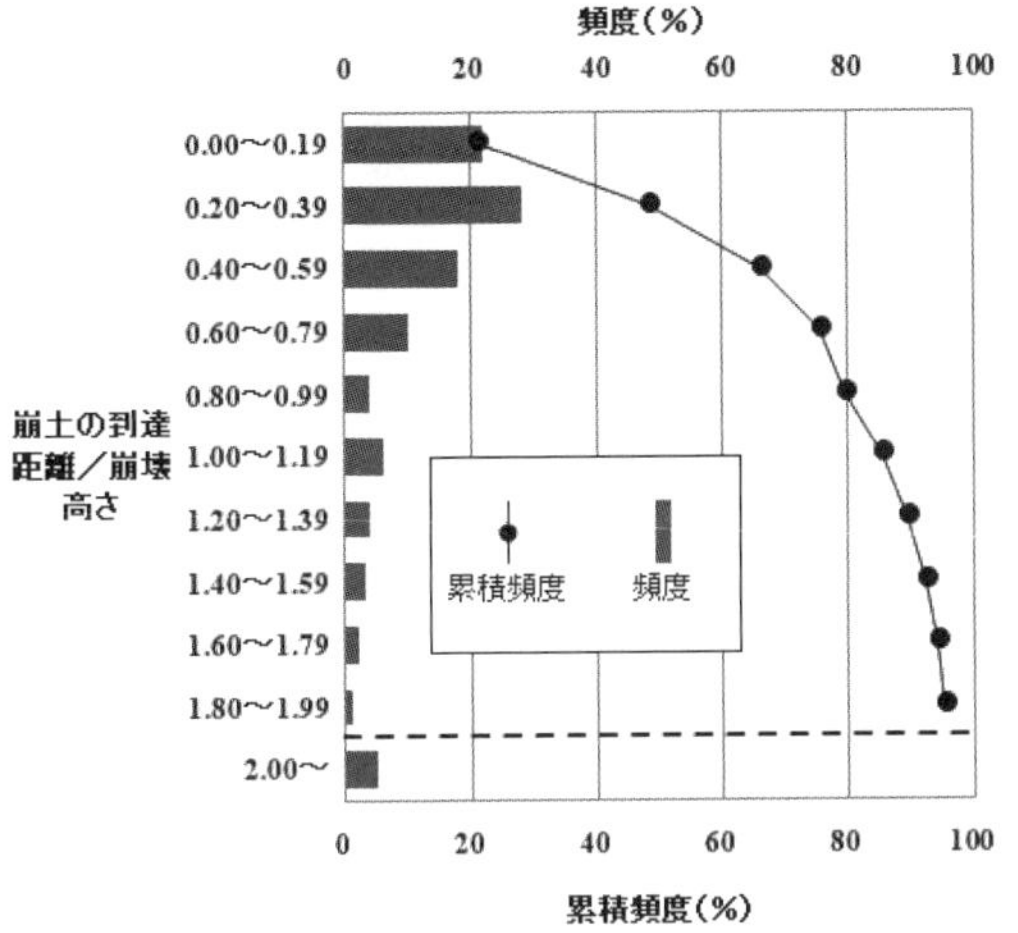

図10・4　がけ崩れの崩土の到達距離離と崩壊高さの関係（国土交通省（2014））

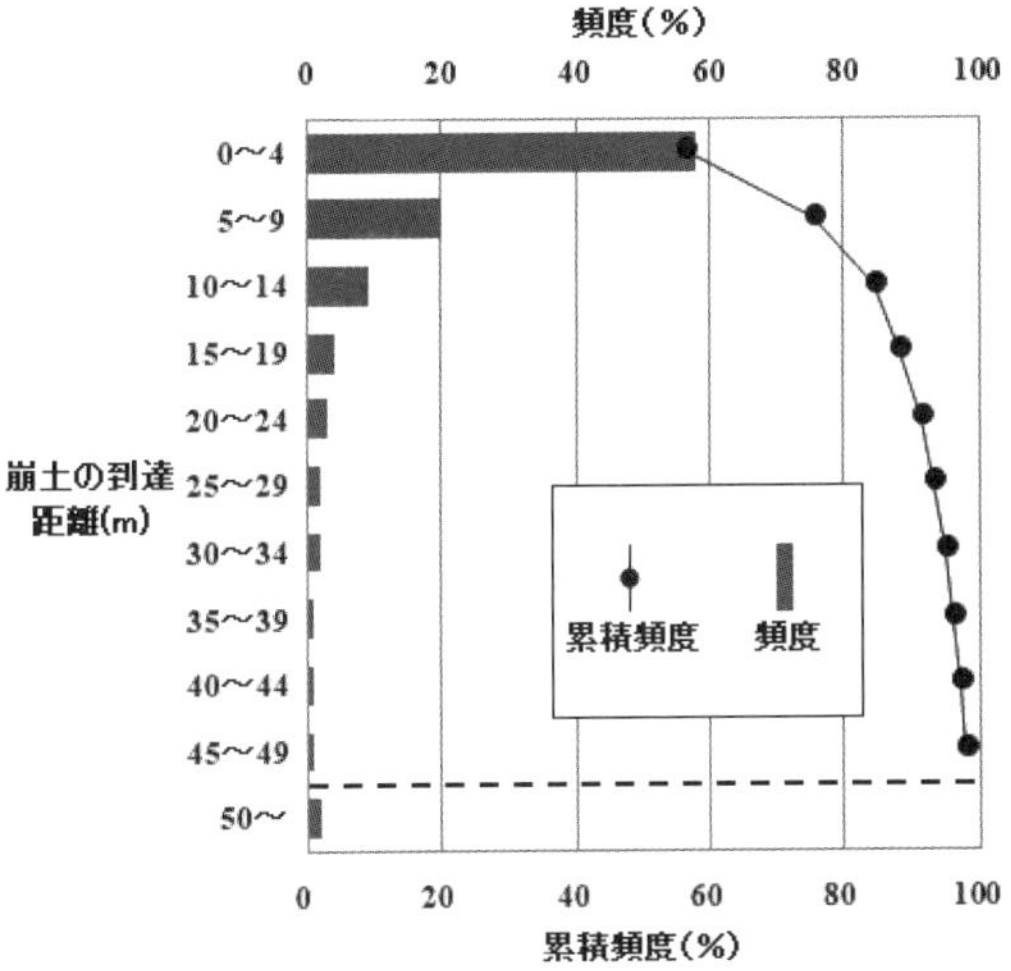

図10・5　がけ崩れの崩土の到達距離
(国土交通省（2014））

れで発生した崩土は斜面の高さにかかわらずほとんど50m以内となっています。この2つの数値は、急傾斜地の土砂災害警戒区域の末端部の位置を決定する目安となっています。

前章の土砂災害警戒区域は、このような過去の実績に基づいた地形的特性を用いて区域指定を行っています。全国の過去の実績に基づいて指定していることから、おおよその土砂災害に対して想定通りの土砂氾濫範囲を提示できるのです。

参考文献

国土交通省（2020）：土砂災害危険箇所、https://www.mlit.go.jp/mizukokudo/sabo/doshasaigai_kikenkasho.html、参照日2020―06―01

国土交通省砂防部（2014）：第1回土砂災害対策検討委員会資料（最近発生した土砂災害の特徴と課題（資料2））、https://www.mlit.go.jp/common/001021023.pdf、参照日2020―07―16

佐藤丈晴（2015）：命を守るための土砂災害読本―岡山県過去20年の降雨量に基づいて―、吉備人出版、126頁

佐藤丈晴、海原荘一（2018）：平成30年7月豪雨による岡山県における土砂災害、第71巻、第4号、30～37頁

第11章　自分の家は大丈夫？

前章までに土砂災害警戒区域について説明を行ってきました。土砂災害警戒区域の範囲は、地形の目安があります。そして、その目安は過去の経験に基づいて設定されています。その意味を把握したところで、最も重要なことを考えてみましょう。それは、「自分の家は危険かどうか」ということです。

第1節　なぜ自分の家を確認する必要があるのか

まず、みなさまに質問です。

「家庭でできる土砂災害対策で最も重要なことはなんでしょうか」

この問いに対して、学生から意見を求めると、次のような回答を得ます。

- **いつ避難するのか決めておくこと（When）**
- **どこに避難するのか確認すること（Where）**

・どの道路を通って避難所に移動するのか決めておくこと（How）

・どうやって避難するのか決めておくこと（How）

・誰とともに移動するのか決めておくこと（Who）

基本的な行動様式である5W1Hについての回答です。これらの回答はすべて重要です。よって講義ではすべて「はい！正解！」と言うと講義も盛り上がります。一通り回答を終えたのちに、じゃあ最も重要なのは？　ともう一度問いかけ、**「それは自分の家が危険かどうか確認すること」**であると説明します（図11・1）。

このように説明すると講義では、必ず学生から質問を受けます。「なぜ、最も重要なのですか？」この質問、とても重要

図11・1　自分の家がどこにあるかを調べることがいちばん大切

な気づきがあり、大変良い質問だと言えます。最もということはいちばん大切なことを指しており、自分の行動様式を変えることにつながるからです。

　では、たとえ話をひとつ。みなさまのご自宅が干拓地の真ん中にあるとしますと見えるくらいで一面田んぼです。この自宅に(図11・2)。山は遠くにうっすらと見えるくらいで一面田んぼです。この自宅にお住まいの方が土砂災害対策を行う必要があるでしょうか。全くありません。どう考えても土砂が自宅まで流れてこないからです。このお宅にお住まいの方は土砂災害対策ではなく、浸水や地震、津波、液状化等の災害に対して考える必要があるでしょう。

　つまり、自分のいる場所が危険でなければ、土砂災害に対する備えは必要ない

図11・2　土砂災害対策は必要？

ということです。**土砂災害に対する備えをすべきかどうかという根本的なところを指すことから、最も重要で、最初に行うべき内容**なのです。そして今すぐにでもできることです。今みなさまがいる場所はどのような場所でしょうか。大切な方々はどのような場所にいますか。学校はどうですか。職場はどうですか。この点について考えていない方が大変多いと実感しています。土砂災害は、斜面や山などの勾配があるところで発生します。今いる場所よりも高い場所に土砂があるからこそ、崩れたり、流れたりするのです。（お住まいになっている建物が崖の上ぎりぎりにあれば、地盤が家とともに崩れるということはありますが）。

平成30年7月豪雨では、避難所が避難してきた人であふれるという出来事がありました。その理由は、避難しなくてもよい人まで避難したからです。避難所の収容人数は避難する人の数を計算しています。そのため避難しなくてもよい人が避難すると、収容できなくなります。この経験から避難レベル4について、「全員避難」に「危険な場所から」という言葉が追加されました。避難すべき人全員という意味で、住民全員ではないということです。この事例も、「自分の家が危険かどうか確認すること」が重要であることを示唆しています。

では、どこが危険なのでしょう。この点は、第9章、第10章で述べてきました。第9章では、土砂災害警戒区域について説明しました。国が土砂災害防止法によって法指定した場所であり、極めて危険といえる場所です。そしてハザードマップで確認できます。各自治体より地図が配布されれる場合や、ホームページで閲覧することが可能です。ハザードマップに記載されていない場合は、第10章の自宅周辺の地形的特徴を調べましょう。渓流の谷出口や扇状地に自宅がかかっているかどうか、扇状地の末端であれば2度以上の傾斜があるか、急傾斜地周辺では、がけから高さの2倍あるいは50m離れているかどうかを確認しましょう。

第2節　自宅周辺のハザードマップを作成しよう

筆者は、講演会などで地域や家庭でハザードマップを作ることをお勧めしています。それは地形図の読み方の勉強にもなりますし、地域をよく知ることにもつながるからです。地域の小さな被災実績をマップに記載して、見える化を図ることで、意識向上につながります。土砂災害警戒区域は、地形による目安があることを第9章で述べました。しかし、土砂災害危険箇所を主とした場所を対象として基礎調査が実施され、土砂災害警戒区域が指定されることから、それ以外の場所には適用されておりません。そこで、この地形の目安をもとにすべての渓流や急傾斜地に対して住民自ら計測を行い、危険度を評価する取り組みを実施しています（図11・3）。地域の地図を見て等高線の間隔を定規で計測し、ある山のすその斜面は、30度以上で高さが5m超えているから急傾斜地と色鉛筆で塗りつぶし、土砂災害警戒区域を計測します。勾配の計算方法は三角比を必要とするため、地域の防災リーダーなどのお手伝いが必要となりますが、高校数学を学んだ方なら、簡単に計算できます。

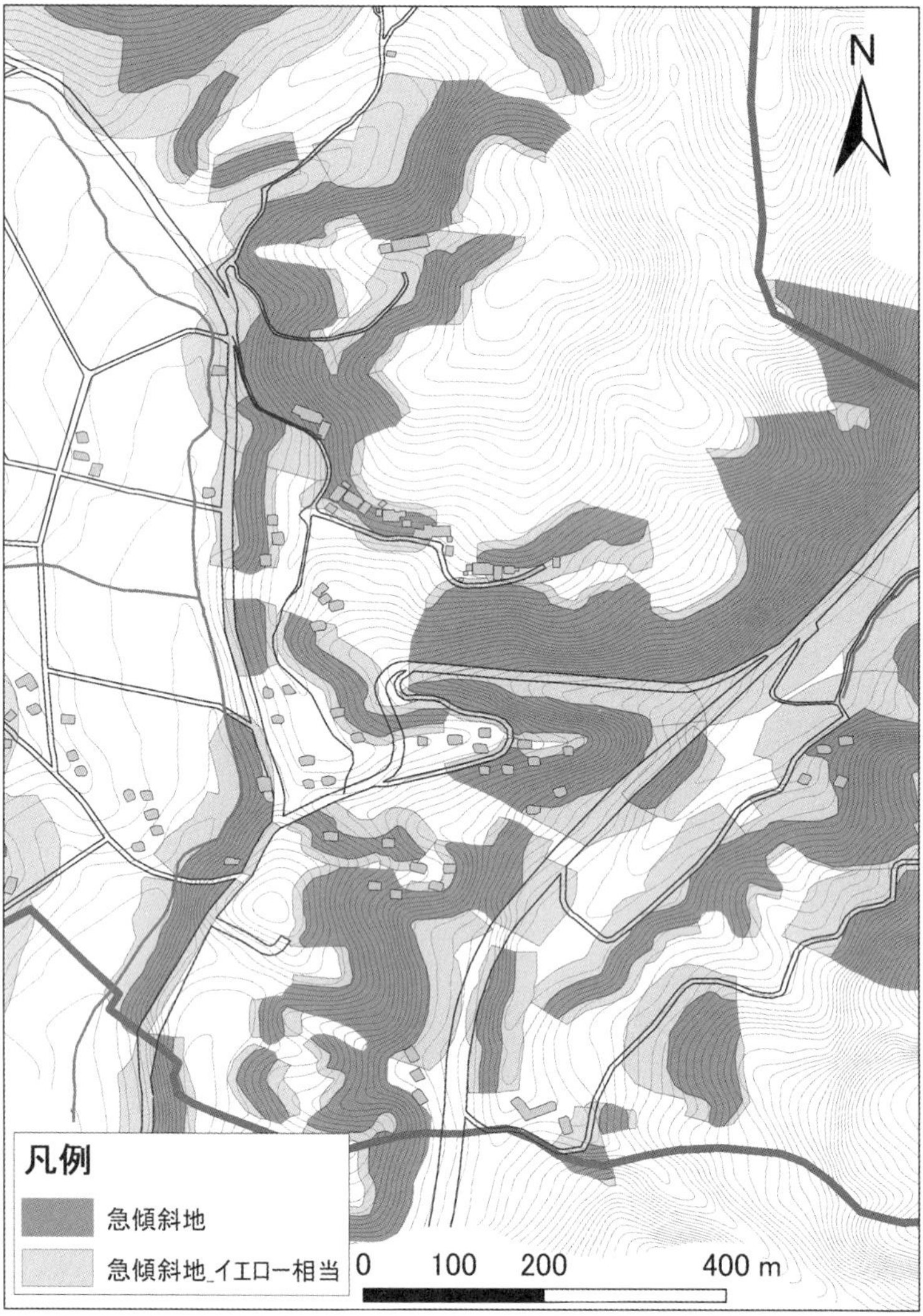

図１１・３　地形に基づいた土砂災害ハザードマップの例（佐藤、伊勢（2018））

第3節　過去の被災事例における犠牲者の分布

平成30年7月豪雨の直後に多くの被災地を調査しましたが、中には災害で命を落とした事例もありました。筆者が調査した箇所でも2箇所ありました。そのうち1箇所は急傾斜地の直下にあり、自宅の裏が土砂災害特別警戒区域に指定されていました。このようなケースは他の地区でも数多く報告されています。

内閣府の総合的な土砂災害対策検討ワーキンググループは、土砂災害が原因で犠牲となった方の統計を公表しています。土砂災害で犠牲となった人の84・6％が屋内で被災したという結果となっています（図11・4）。風水害全体での統計では、屋内と屋外では50％ずつとほぼ半数ですが、土砂災害のみ屋内での被災者が圧倒的に多くなっています。特徴的な事例が平成26年8月の広島災害の事例です。犠牲者の分布と家屋が倒壊した事例の分布を重ね合わせるとほぼ一致する結果となりました（牛山（２０１５））。平成26広島災害後のワーキン

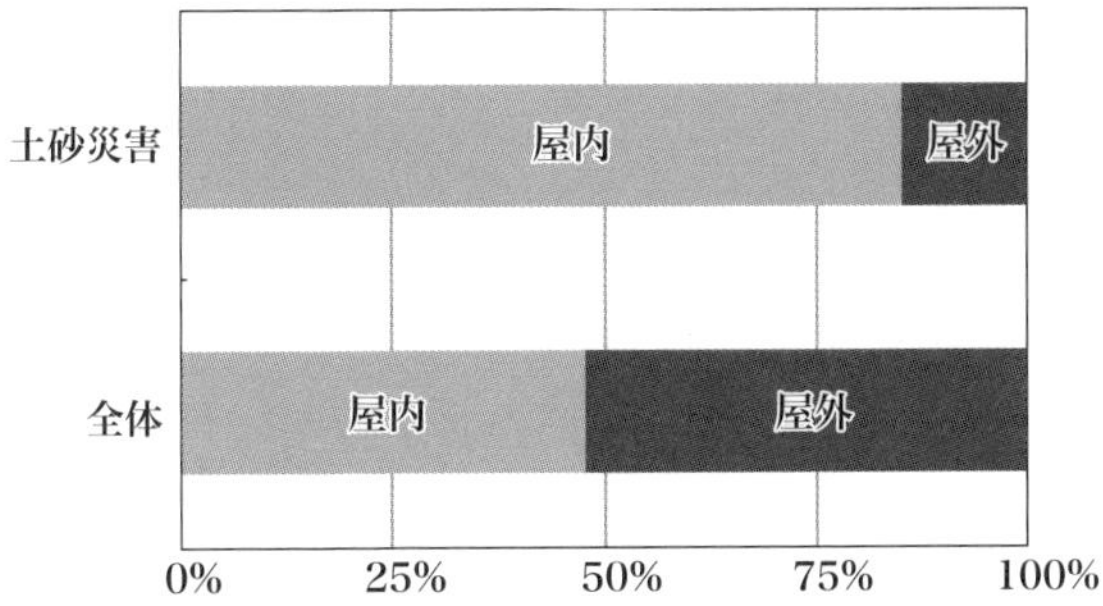

図11・4　屋内で被災した割合（牛山（2015））

グでは、倒壊の恐れのある家屋からは極力立ち退き避難をするように提言されています。土砂災害が発生したとき、家屋が倒壊する恐れのある場所といえば、第９章で示した土砂災害特別警戒区域であり、土砂災害の規模が想定を超える場合、あるいは流下する方向が想定と変わった場合は、土砂災害警戒区域においても倒壊の恐れがあることから、これらの地域では、事前の避難が求められているのです（第１章の事例）。

参考文献

内閣府（２０２０）：避難勧告等に関するガイドラインの改定（平成31年３月29日）、http://www.bousai.go.jp/oukyu/hinankankoku/h30_hinankankoku_guideline/index.html、参照日２０２０―06―18

佐藤・伊勢（２０２０）：地形に基づいたハザードマップを住民主体で作成する方法、砂防学会誌、第73巻、第１号、45～49頁

牛山（２０１５）：２０１４年８月広島豪雨災害時の犠牲者の特徴と課題、内閣府・総合的な土砂災害対策検討ワーキンググループ、23頁、http://www.bousai.go.jp/fusuigai/dosyaworking/index.html、参照日２０２０―06―03

全国治水砂防協会（２０１６）：改訂版土砂災害防止法令の解説、全国治水砂防協会、４５９頁

第12章　災害時要配慮者について考える

土砂災害の分野では、災害時に自力で避難することが困難な人のことを「災害時要配慮者」と定義しています。特に今後は高齢者の増加が見込まれています。本章では、災害時要配慮者について考えていきます。

第1節　過去の事例から被災割合は高い

1つのデータを紹介します。災害時要配慮者が被災者に占める割合を示しました。65歳以上の人口は平成29年現在で27・7％（図12・1）ですからおよそ4分の1ですが、被災した割合は、幼児も含めますので約50％になっています（図12・2）。なぜこのように高い割合となるのかについては、みなさまと論じるまでもありません。

災害時要配慮者は、避難することに時間がかかるだけでなく、動くことが困難な方もいらっしゃいます。1人で避難所までたどり着くことも難しい方もいるでしょう。また、経験豊かな方ほ

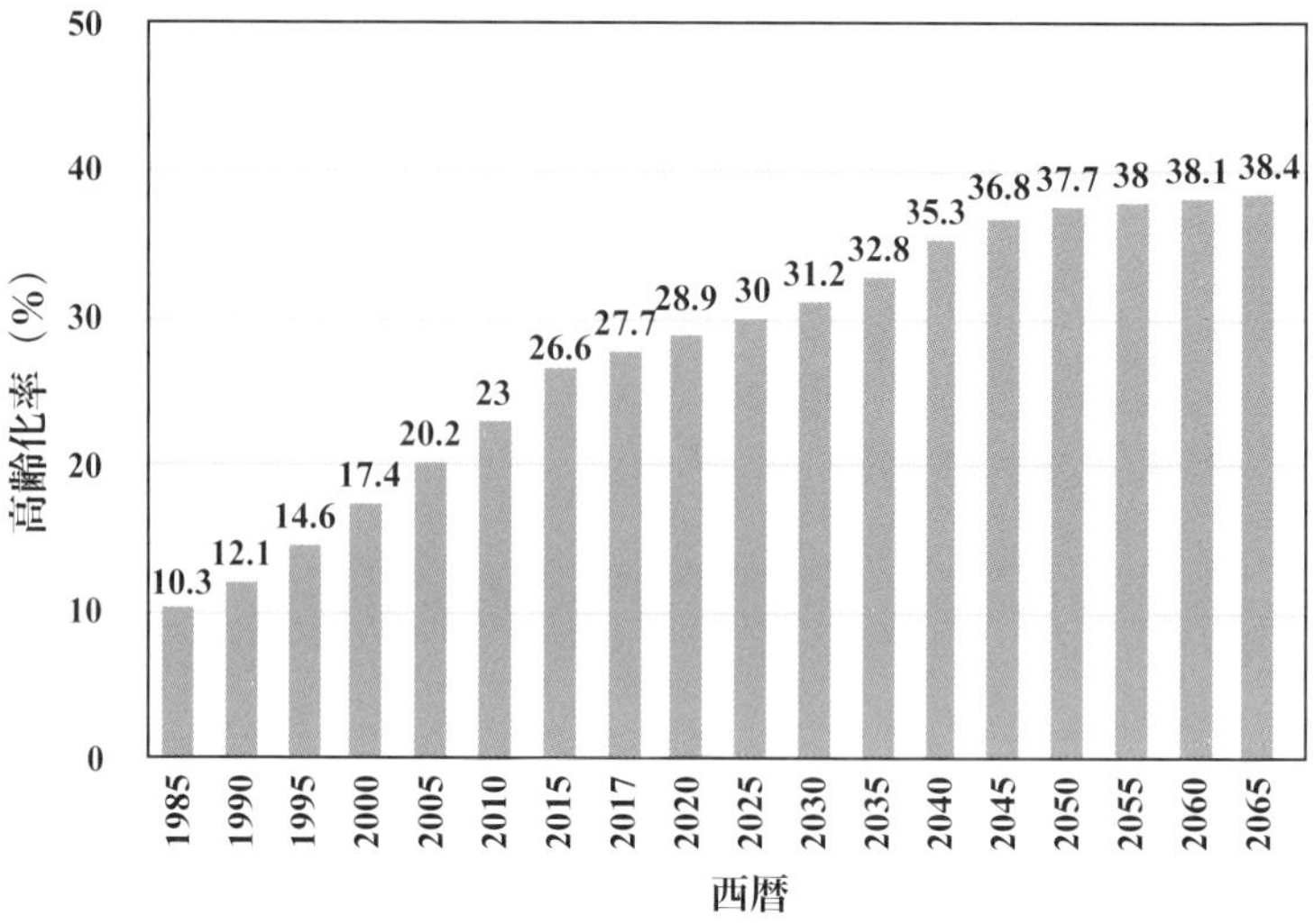

図12・1 日本の高齢化率（国土交通白書2019 P3)

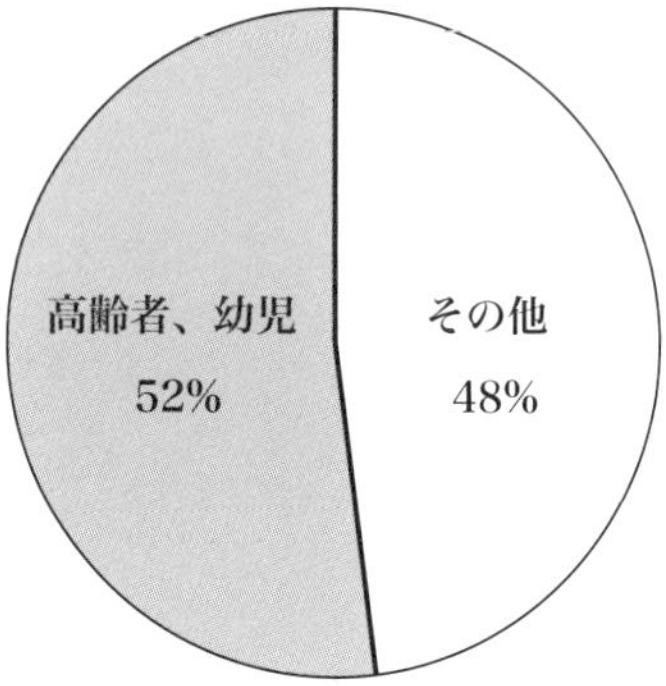

図12・2 土砂災害による死者行方不明者に
占める高齢者、幼児の割合（国土交通白書2019 P238)

ど、「今まで○年生きてきたけど1度も避難したことがない」と言われます。おっしゃる通りですが、気象の傾向は年々変わっています。過去に経験しなかった豪雨も増えてきました。今までの気象状況であれば大丈夫でも、それ以上の気象となった場合は危険であること、また、山は風化作用など常に劣化していること等を丁寧に説明する必要があります。

第2節　避難準備・高齢者等避難開始および大雨警報（土砂災害）

内閣府の避難勧告等に関するガイドラインには、高齢者等という表現で避難のタイミングが記載されています。警戒レベル3として避難準備・高齢者等避難開始の情報が発令された場合速やかに避難することとなっています。避難準備・高齢者等避難開始は大雨警報（土砂災害）を目安として発令されることから、高齢者等のみなさまにとって大雨警報（土砂災害）の発表はとても重要です。避難準備・高齢者等避難開始の発令を待つことなく、大雨警報（土砂災害）の発表をもって避難行動を開始していただいてよいです。表12・1に避難に関するタイミングについて避難勧告等に関するガイドラインを参考に、土砂災

表12・1 警戒レベル

警戒レベル	警戒レベル3	警戒レベル4
気象情報※	大雨警報 （土砂災害）	土砂災害 警戒情報
自治体からの避難情報	避難準備・ 高齢者等 避難開始	避難指示
住民がすべき行動	危険な場所の 高齢者同伴の 方は避難 それ以外の方は 避難準備	危険な場所から 全員避難

※厳密には警戒レベル相当

害対策で覚えておくべき最小限の知識を取りまとめました。厳密には、気象情報（大雨警報（土砂災害）、土砂災害警戒情報）は、警戒レベル相当の扱いですが、わかりやすさと迅速な行動の視点から、避難情報とセットで提示しています。ガイドラインには多くの情報がありますが、これだけで十分です。災害時要配慮者については、シンプルに決めたことをすなおに実行すればよいと考えています（図12・3）。

第3節　災害時要配慮者を救う

世の中の人は誰もが簡単に避難できません。土砂災害の分野では、災害時に自力で避難することが困難な人のことを「災害時要配慮者」と定義しています（図12・4）。高齢者、障害

図12・3　避難に関して知っておくべき情報

者、乳幼児、妊婦、傷病者、日本語が不自由な外国人等がこれに当たります。そして、みなさまの大切な人もこの中に多く含まれていると思います。このことを認識しておけば、健常者のみなさまは、誰と避難するのか（災害時要配慮者を誰が避難させるのか）を考えるでしょう。誰かが災害時要配慮者を補助する必要があります。あらゆることを想定して、役割を決めておきましょう（図12・5）。役割分担を決めて周知すると責任を感じます。使命感が湧くでしょう。役割分担が明確でないばかりに被災後に後悔したくはありません。遠方にいるご両親やお年寄りに対しても、電話などで連絡すれば、何らかの対策はできるはずです。

また、昼間に大きな災害が発生した場合は、家族がばらばらで避難することになります。あらゆる場合を想定して、どの避難所に集合するのか決めておくとよいです。東日本大震災のような災害の場合は、どの避難所に家族がいるのかを捜すだけでも大変なことでした。最終的に

図12・4　高齢者を誘導

どこに集まるのかを明確に決めておくことで、その場所で待ち続けられます。自身が動けなくてもどこに家族がいるのかを理解しておけば伝言することもできます。どのような場面であっても、大切な人とは一つの想いで繋がっていたいと思いませんか。

参考文献

国土交通省（２０１９）：国土交通白書、ぎょうせい、３５３頁

内閣府（２０１９）：避難勧告等の判断・伝達、http://www.bousai.go.jp/oukyu/hinankankoku/index.html、参照日２０２０—06—03

内閣府（２０１９）：避難勧告等に関するガイドラインの改定（平成31年3月29日）、http://www.bousai.go.jp/oukyu/hinankankoku/h30_hinankankoku_guideline/index.html、参照日２０２０—06—03

図１２・５　役割分担

第13章　自主防災組織

今までは、自分ひとりや家族、そして要配慮者とともに避難することを述べてきました。みなさまができる避難体制の最も小さい単位は自分と家族だと思います。そしてそれぞれのご家庭において、避難について考え実行してほしいと思います。しかし、より大きな取り組みになれば、その分大きなことができます。本章と次章では近隣の方々を含めた防災対策について述べていきます。

第1節　自助、共助、公助

住み慣れた地域や家庭において安心して暮らすことは、誰もが望んでいることだと思います。そのためには、周りの方々とともに支え合い助け合いながら暮らすことが大切です。それを表したのが、自助、共助、公助という言葉です（図13・1）。自助は自分と家族が対象となります。前章まで述べてきたことはすべて自助にあたります。続いて共助は、近隣の方々で協働して、お互いを気づかい合って安心した暮らしを実現することです。公助は行政機関、公的機関等の各種サービスを活用することによって、課題の解決を図ることです。それぞれの立場をお互いが理解し合うことがとても重要となります。

土砂災害のソフト対策は、まさに自助、共助、公助のうえに成り立っています。気象庁からの土砂災害警戒情報、大雨警報（土砂災害）、自治体からの避難指示、避難準備・高齢者等避難開始の発令といったものは公助にあたり、第3章、第8章などで説明してきました。共助にあたる対策が本章と次章で説明する内容となります。

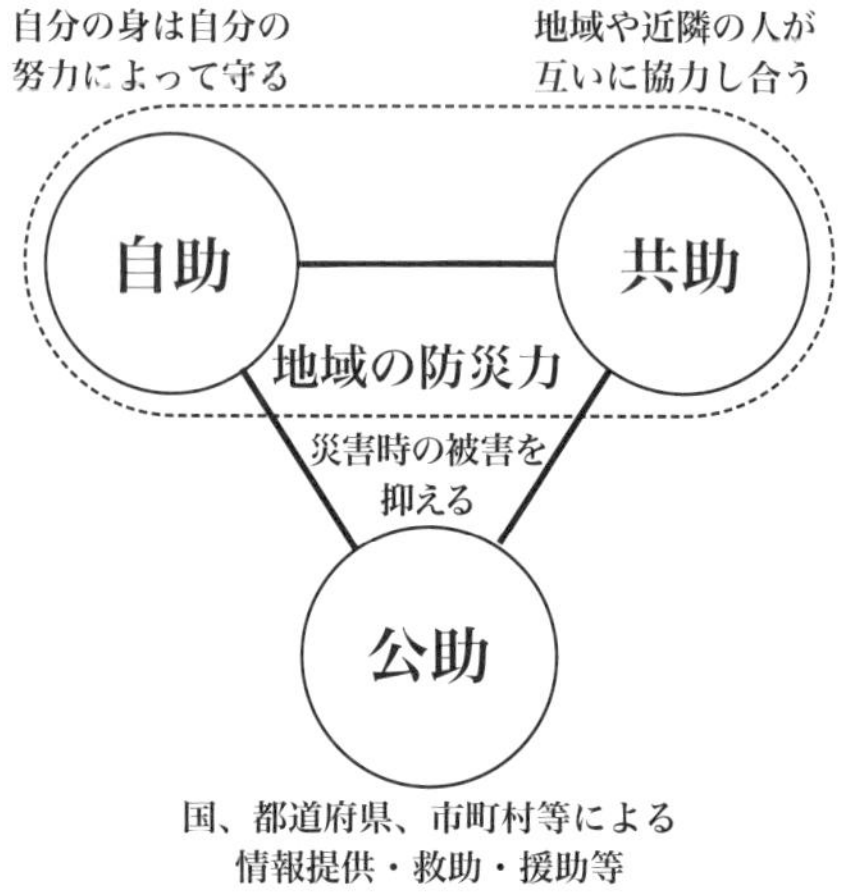

図13・1　自助、共助、公助

第2節　自主防災組織

平成26年8月広島災害では、同時多発的な土砂災害の発生により県や自治体の対応には限界があるという課題が挙げられました。早期に実効性のある対策を公助だけで実施することは困難であることから、自分の身を自分で守る自助とともに普段から顔を合わせている地域や近隣の人々が集まって、互いに協力し合いながら、防災活動を組織的に取り組むこと（共助）が必要であると考えられました。自主防災組織とは、「自分たちの地域は自分たちで守る」という自覚、連帯感に基づき、自主的に結成する組織であり、災害による被害を予防し、軽減するための活動を行う組織です。平成28年4月1日現在の全国の自主防災組織の結成状況は81・7％（自主防災組織活動カバー率）で年々増加しています（図13・2）。自主防災組織の具体的な活動としては、防災知識の普及、土砂災害が発生する危険性の高い箇所の周知、防災訓練の実施、防災用資機材の整備等があります。情報の収集・伝達、住民の避難誘導、負傷者の救出、救護、給水の活動があります。その中でも、近年の災害の教訓を踏まえ、自主防災組織は、防災教育、災害時要配慮者の避難行動対策、避難所の運営に取り組むことが期待されています（総務省消防庁（２０１７））。

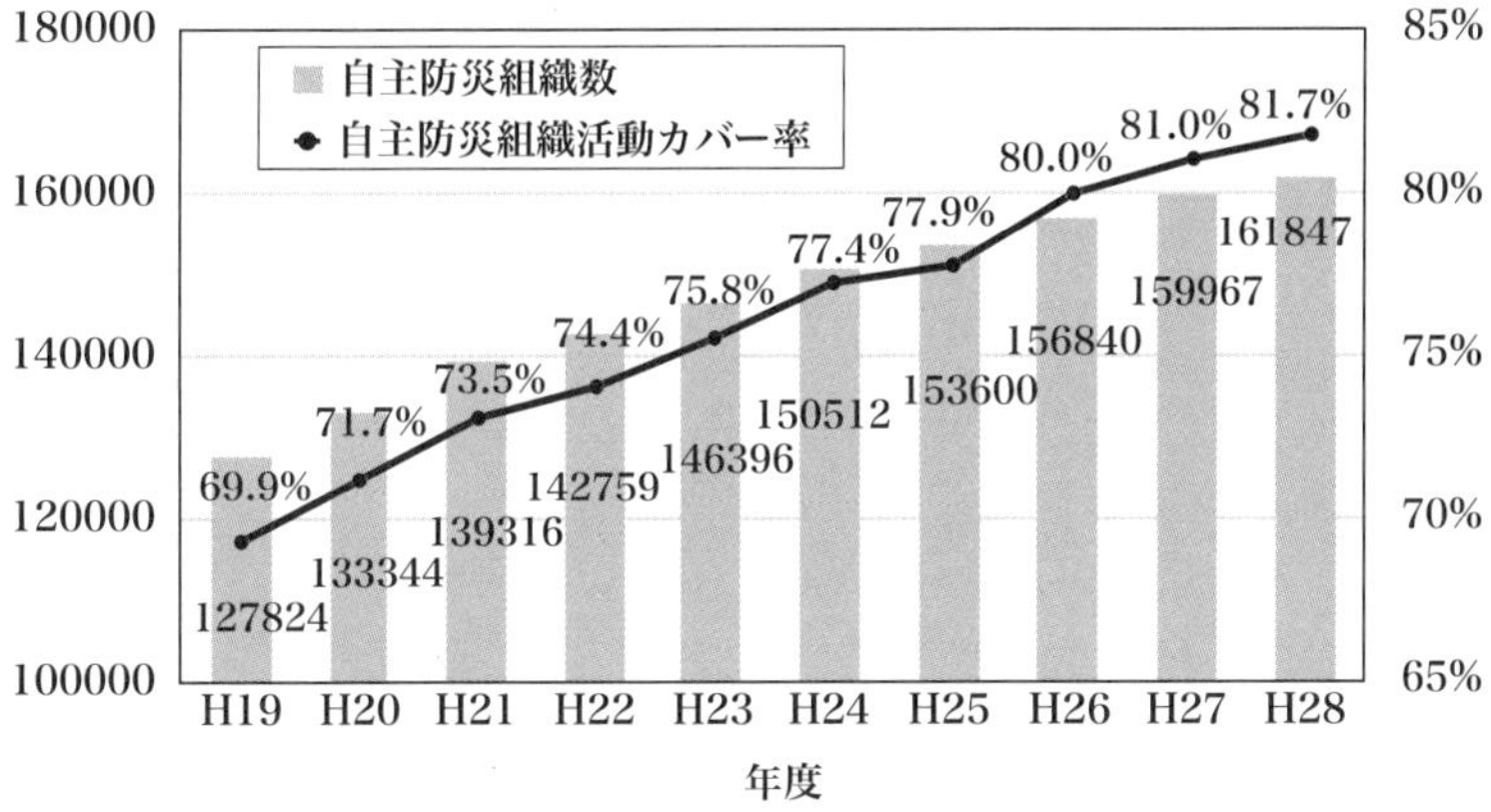

図１３・２　自主防災組織率（総務省消防庁（2017））

第3節　防災リーダー育成の事例

自主防災組織のカギとなるのが、防災リーダーです。この人材の育成が進んでいないことが、消防庁の自主防災組織に対するアンケート調査で明らかになっています。筆者は、自主防災組織のカギは、リーダーの存在にかかっていると感じています。一人の優れたリーダーがいれば、その地域の活動は活動的になり、よりよい協働体制が築かれます。この点に着目し、自主防災組織の立ち上げおよび自主防災リーダー育成のための身近なヒント集が作成されています（図13・3）。岡山県市町村振興協会が主催し、岡山県内の6自治体の危機管理担当の職員を集めて、防災意識向上研究会が令和元年度に開催され、地域の自主防災リーダーの悩みの共有を始めました。防災リーダーとなったときの悩みとして、

「自主防災組織に登録したが、何をしたらよいかわからない」
「防災訓練や防災マップ作りは、ちょっと難易度が高い」
「防災の取り組みがマンネリ化している」
「防災マップを配っただけで終わっている」
「先生に来ていただかないとできない」

という声をよく聞くそうです。一般のみなさまが突然リーダーになるとどうしてよいかわからないのもうなずけます。この生の声を受け入れ、地域のみなさんが取り組みやすく、かつ自治体の

担当者の協力を得やすくするヒント集をつくりました。

この研究会では、

- **他の地域課題も含め地域横断的な視座を持つ**
- **防災テーマを日常の地域づくりから切り離さない**
- **誰もがアプローチしやすく、ハードルをできるだけ下げる**

の3点から研究を進めました。自主防災組織から質問・相談される悩みを具体的かつ細分化して質問としました。これに対して、できるだけ小さな、何気ない、負担にならない工夫がヒントとして回答されています。地域のみなさんのお悩みと工夫が集約された資料となりました。

章末の参考文献に著者及び岡山県市町村振興協会のHPを掲載しました。このページにヒント集が公開されていますので、防災リーダー育成にお困りの方、防災リーダーとして何をしたらよいのかわからない方の役に立つと思います。

図13・3　自主防災組織ヒント集と啓発ポスター

第4節　自主防災組織の避難システム

気象台の大雨警報（土砂災害）、土砂災害警戒情報は、通常自治体ごとに発表されます。このため、面積が広い自治体においては、地域ごとに気象が変わることもあります。雨が降っていないのに警報が発表される場合や、避難指示が発令されることもあります。その自治体内で最も危険な地域を対象としていますから、この現象はやむを得ないことです。このミスマッチを解消するためには、自治会単位で雨量計を設置し、その地域に応じた基準値を設定することが考えられます。

この考えは、平成26年広島災害で被災した自治会で始まりました。次に同じ豪雨が発生すると、また同じ被害を受けると考え、自治会を主体とした警戒避難体制の整備に着手しました。自治会で当地の雨量を観測し、独自の基準を決めて周知しました。すると、地域の降雨に関する意識が高まり、日常から「昨日の雨は何㎜だったのか」といった会話があるそうです。この話を伺い、筆者も自治会及び施設用の警戒避難システム（ひなん獅子）の開発に着手しました。１００Ｖの家庭用電源をつなぐだけで運用可能な誰

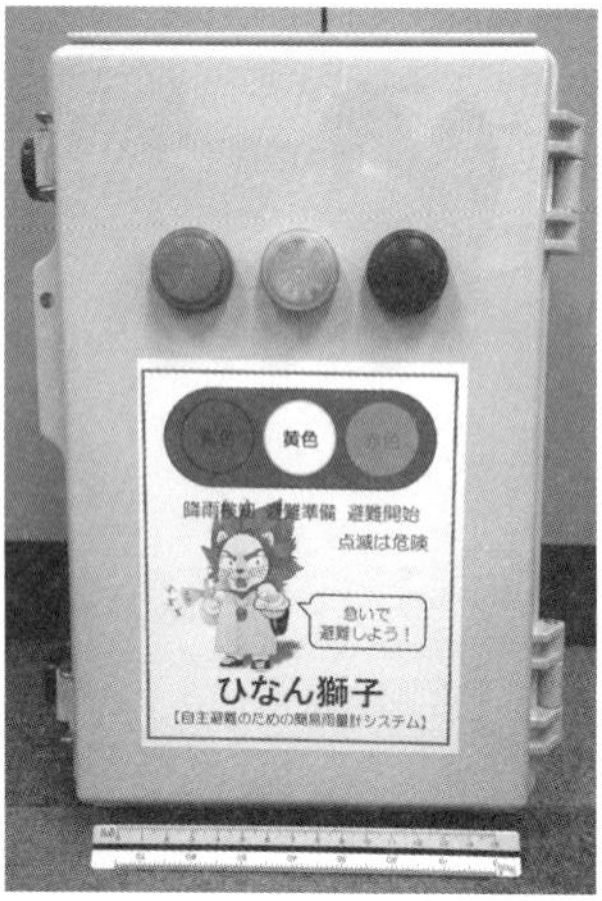

図13・4　自主避難のための簡易雨量計システム（ひなん獅子）（観測制御器のみ）

でも設置でき、雨量計と観測制御器だけの簡易な雨量計システムです（図13・4）。観測制御器の表面には、赤黄緑の3つのランプを配置し、ランプの点灯によって基準超過を知らせるアナログな方法を採用しました。基準値は、自治会及び施設の方の被災や豪雨の経験に基づいて、決定しました。「あの台風のときの豪雨相当で黄色」「あの被災時の豪雨相当で赤色」のように、利用者の記憶とランプの色を一致させました。自治会で運用を開始すると、雨に関する意識が非常に高まったと、広島の事例と同じ効果が表れました（図13・5）。また、数年経過して気象台の防災気象情報との関係を分析したところ、適切な時刻に適切なランプが点灯していました。当該自治体で防災気象情報が発表された場合でも、当地で雨が降らなければランプは点灯せず、逆に当地が局地的な豪雨になり、赤ランプ点灯

図13・5　自治会での運用状況

後に土砂災害があった事例もありました（図13・6）。

現在は図と同じものから改良版まで多くの雨量計システムが稼働しています。自主防災組織や企業などから必要との声がかかれば、現在も設置しています。各地域や組織が、このようなシステムを設置し、多くの方々の命を守ることができれば良いと思います。

自治体は公助として、適切な情報を提供しています。ただ自治体（公助）任せにしてはいけません。「自分の身は自分で守る」という意識をもって、地域としての最善は何かを考える場が自主防災組織（共助）です。子供たちや高齢者を守り、安全・安心な暮らしができるよう、地域でできる最適な防災対策をみなさんで考えていただきたいと思います。

図13・6　ひなん獅子の運用イメージ

参考文献

国土交通省（２０１９）：国土交通白書、ぎょうせい、３５３頁

内閣府（２０１９）：避難勧告等の判断・伝達、http://www.bousai.go.jp/oukyu/hinankankoku/index.html、参照日２０２０―06―03

内閣府（２０１９）：避難勧告等に関するガイドラインの改定（平成31年3月29日）、http://www.bousai.go.jp/oukyu/hinankankoku/h30_hinankankoku_guideline/index.html、参照日２０２０―06―03

岡山県市町村振興協会（２０２０）：平成元年度　防災意識向上研究会報告書、岡山県市町村振興協会、38頁、http://www.shinko-okayama.jp/project_info_jisseki.html、参照日２０２０―06―04

佐藤丈晴（２０１８）：自治会・要配慮者利用施設等が独自に運用可能な警戒避難システムの開発、砂防学会誌、第71巻、第4号、30～37頁

佐藤丈晴（２０２０）：自主避難用警戒避難システム「ひなん獅子」、https://www.big.ous.ac.jp/~sato/seika.html、参照日２０２０―12―28

総務省消防庁（２０１７）：自主防災組織の手引　―コミュニティと安心・安全なまちづくり―、２１１頁、https://www.fdma.go.jp/mission/bousai/ikusei/、参照日２０２０―12―28

第14章　避難確保計画

第12章で災害時要配慮者の方々のために、あらかじめ避難の準備をする重要性について述べました。しかし、要配慮者は、ずっと自宅にいるわけではありません。平成28年の台風10号（岩泉災害）では、要配慮者利用施設に土石流が直撃し、利用者9名が亡くなりました。このように要配慮者が集中的に利用する施設においては、避難確保計画の作成が義務化されています。本章では、この避難確保計画について説明します。

第1節　要配慮者利用施設とは

要配慮者利用施設とは、土砂災害防止法第8条第1項第4号で次のように定められています。

要配慮者利用施設とは、社会福祉施設、学校、医療施設その他の主として防災上の配慮を要する者が利用する施設をいう。

国土交通省の資料では、施設の例が具体的に記されています（表14・1）。社会福祉施設は、高齢者や児童に関する施設、学校は幼稚園から高等専門学校まで、そして医療施設となっています。職場が表に挙げられた施設にかかわるようであれば、避難確保計画について意識しておかなければなりません。自分や周りの大切な人がこの表にある施設に関係があるか確認しましょう。

第2節　計画作成の意義

避難確保計画とは、土砂災害によって被害が生ずる恐れのある要配慮者利用施設において、利用者の円滑かつ迅速な避難の確保を図るために必要な事項を

表14・1　要配慮者利用施設一覧

〔社会福祉施設〕	〔学校〕
老人福祉関係施設	幼稚園
有料老人ホーム	小学校
認知症対応型老人共同生活援助事業の用に供する施設	中学校
身体障害者社会参加支援施設	義務教育学校
障害者支援施設	高等学校
地域活動支援センター	中等教育学校
福祉ホーム	特別支援学校
障害福祉サービス事業の用に供する施設	高等専門学校
保護施設	専修学校 等
児童福祉施設	
障害児通所支援事業の用に供する施設	〔医療施設〕
児童自立生活援助事業の用に供する施設	病院
放課後児童健全育成事業の用に供する施設	診療所
子育て短期支援事業の用に供する施設	助産所
一時預かり事業の用に供する施設	
児童相談所	
母子健康包括支援センター 等	

定めた計画です。具体的な内容については、「要配慮者利用施設管理者のための土砂災害に関する避難確保計画作成の手引き」に掲載されていますので、そちらをご参照ください。

主な項目は防災体制、避難誘導、施設の整備、防災教育及び訓練の実施、そのほか利用者の円滑かつ迅速な避難の確保を図るために必要な処置に関する事項を取りまとめます。同じような目的の施設でも、施設ごとに諸条件が変わりますので、施設管理者が主体的に作成しなければ、実効性を伴いません。例えば、建物が老朽化しており、エレベータが少ないなどの課題があれば、少し早めに対応を開始するといった取り組みです。筆者も内閣府の避難確保計画事例集作成のために、土砂災害警戒区域（土石流）に立地する老人ホームの避難確保計画作成委員会に関わりました。建物の構造と多種多様な入所者の場合分けを事細かに行い、万全の対応を行いました。一人ひとりの症状が異なることから、個人ごとの避難の方法、役割分担について確認しました。

避難確保計画の作成は、職員・入所者の意思統一を図ることができ、避難する状況になったとき、連動した対応をとることができます。この計画の作成にあたっては、技術的に難しいものはありません。国土交通省のＨＰには、前出の手引きと計画のフォーマットがありますので、そのフォーマットに施設の状況、情報を入力することによって作成できます。既存の防災マニュアルが策定されていれば、必要項目を追加し、適用できます。

第3節　避難訓練の実施

避難確保計画に基づいて避難訓練を実施します（図14・1）。職員他、入所者も含めて無理のない範囲で協力し、多くの方々が避難訓練に参加することで、より実効性が高まります。また、計画作成時に想定していた避難がうまくいかなかった、時間が経過し、当初できていたことができなくなったといった時系列的な変化もあります。その場合は、柔軟に計画変更を行い、現状の実効性を重視した変更を行いましょう。実際に避難したのちに反省会などを開催し、妥当性の検証も併せて実施しましょう。

図14・1　避難訓練

第4節　避難確保計画を作り始めることが管理者・代表者の最大の仕事

前章の自主防災組織では、防災リーダーを決めなければなりませんでした。防災リーダーの決定とその人材育成がいちばん大変なことでした。しかし、避難確保計画については、最も高い壁であるリーダーを決める必要はありません。管理者、代表者のみなさまが防災リーダーです。もちろん一人で作成するものではありません。職員あるいは入所者も巻き込んで、役割分担しそれぞれが取りまとめることができれば、職員のみなさまの思い入れも大きいでしょう。取り組み始めることが管理者、代表者のみなさまの最大のお仕事です。

要配慮者利用施設の管理者や代表者のみなさまにとって、土砂災害で職員および入所者を失いたくはないと思います。避難確保計画を策定し、無理のない避難訓練を定期的に実施し、職員及び入所者の安全・安心な暮らしを提供してほしいと願っています。

第5節　施設が一体となった避難体制の確保による関係者の安全・安心の確保

また、要配慮者利用施設において避難確保計画の作成は義務化されていますが、それ以外の施設でも土砂災害警戒区域に含まれていれば、避難行動の指針となるマニュアルの作成が必要です。すでに防災マニュアルが策定され、避難訓練の実施によって、効果的な体制が整備された職場や施設はすばらしいと思います。平成30年7月豪雨では、岡山県の工場内で急傾斜地の崩壊によって2名の方が亡くなりました。工場の裏山の急傾斜地が崩壊したのです。土砂災害警戒区域には指定されておりませんでしたが、地形を見ると明らかに過去崩壊が繰り返された跡が残っており、斜面上部の対策もされず今後も崩壊可能性のある急傾斜地でした。当日の豪雨時においても稼働していたため被災しました。

工場や施設の管理者は、自宅と同様職場においても土砂災害の危険性があるかを確認してください。豪雨時の警戒避難体制を整備し、危険があると判断される場合には速やかに避難する方針とし、従業員や職員の安全を考えていただきたいです。

参考文献

井良沢道也他（２０１７）：２０１６年８月30日台風10号による岩手県岩泉町及び宮古市における土砂災害、砂防学会誌、第69巻、第6号、71～79頁

国土交通省（２０２０）：土砂災害警戒区域等における土砂災害防止対策の推進に関する法律（平成12年5月8日法律第57号）、https://www.mlit.go.jp/common/001195611.pdf、参照日２０２０—06—05

国土交通省（２０２０）：要配慮者利用施設の管理者等の避難確保計画の作成等の義務化について、https://www.mlit.go.jp/common/001189358.pdf、参照日２０２０—06—05

国土交通省（２０２０）：要配慮者利用施設における避難確保計画の作成等に関するパンフレット：https://www.mlit.go.jp/mizukokudo/sabo/sabo01_fr_000012.html、参照日２０２０—06—05

国土交通省（２０２０）：要配慮者利用施設の管理者等の避難確保計画の作成等の義務化について、https://www.

mlit.go.jp/common/001189358.pdf、参照日２０２０―06―05
国土交通省（２０２０）：要配慮者利用施設管理者のための土砂災害に関する避難確保計画作成の手引き、https://www.mlit.go.jp/common/001189351.pdf、参照日２０２０―06―05
国土交通省（２０２０）：要配慮者利用施設の浸水対策、https://www.mlit.go.jp/river/bousai/main/saigai/jouhou/jieisuibou/bousai-gensai-suibou02.html、参照日２０２０－09－22
内閣府（２０２０）：防災情報のページ　避難確保計画作成の解説資料　要配慮者利用施設における避難に関する計画作成の事例集（水害・土砂災害）http://www.bousai.go.jp/kazan/tebikisakusei/kakuhokeikaku/index.html、参照日２０２０―06―05
佐々木重光（２０１８）：「災害に学び　災害に備える　平成28年台風10号災害の教訓から」、２０１９年度（公社）砂防学会定時総会並びに研究発表会「岩手大会」、10～18頁
全国治水砂防協会（２０１６）：改訂版土砂災害防止法令の解説、３６５頁

第15章　大切な人を守るために

本書では、土砂災害に対して我々が知っておくべき最低限の知識と我々ができる対策について述べてきました。前半は降雨と気象予報に関する内容、中盤は土砂災害に関する内容、後半は我々が実施できる対応について整理しました。これらのことは、すべて本章のタイトルにある「大切な人を守るために」という一言に集約されます。本章では、今までに述べてきたことを整理し、再び家族を含めた自助に相当する土砂災害対策について考えます。

第1節　避難するのは何のため？

みなさまは「避難」というとどのようなイメージを持たれるでしょうか。「避難所へ移動する」ということを想定されると思います。かなり敷居の高い行動であり、実際に行動するかというと、なかなかできるものではないと考える方も多いと思います。しかしながら、「避難」行動の目的を考えると、「避難」という言葉の意味を幾分和らげることができます。土砂災害特別警戒区域はも

図15・1　避難とは危ないところから移動すること

図15・2　ひなんを楽しみに

ちろん、土砂災害警戒区域あるいは、それと同等の危険度を有する地域にお住まいの方は、自宅が危険であるので、それを避ければよいのです（図15・1）。無理に遠方の避難所へ避難する必要はありません。例えばいつも家族付き合いされているご近所さんのご自宅の位置が、土砂災害警戒区域でなければ、ちょっとお邪魔してお茶する、あるいは一晩泊めていただくといった行動も「避難」行動になります（図15・2）。一人暮らしの高齢世帯であれば、ご近所さんで最も安全な位置にある方の自宅に集合して、宴会されても構いません。台風等はあらかじめ危険な日がわかりますので、台風が来そうな日は宴会日だと決めてもいいと思います（図15・3）。土砂災害警戒区域およびそれと同等の危険な場所から離れれば、目的を達せます。ご近所、友人宅にお邪魔しづらければ、公民館、集会所に集合する等考えられる手立てはいくつもあります。「避難」と考えると、なかなか動けません。「移動」することそのものを、楽しみに変えてはいかがでしょうか。

土砂災害警戒区域の外側周辺部、あるいは地形を見てそれと同等の危険度である地域はどうでしょうか。想定災害を超過した災害が発生した場合、家屋内に土砂が流入することが予想されます。し

図15・3　回覧板

かしながら、家が倒壊する恐れはかなり少ないでしょう。この場合は、ご自宅内で対応を取られるのがよいと思います。二階建ての家屋の場合は、一階で被災した事例がほとんどです。土砂災害警戒区域の外側周辺部にある家屋では、まず二階に避難することがベターな案です。さらに、斜面と反対側の部屋に移動することも効果的です。斜面の方から土砂が流れてきますので、できるだけ離れることが身を守ることに繋がります。ここでも「避難」と記載しますが、二階に移動することも「避難」です（図15・4）。この対応であれば、誰でもできると思います。たまには家族全員で最も安全な部屋で就寝することがあってもよいのではないでしょうか。

このように、避難とは必ず避難所へ移動するものではありません。危険を避けるものであるので、その目的さえ達成すれば、どこに移動しても構いません。自治体としては、避難所を準備しますが、必ず

図15・4　垂直避難

しもそこに移動しなければならないと指示するものではありません。「避難」の方法や場所は、地域で決まっているものではなく、個々の対応で考えるべきものです。みなさんの実現可能な「避難」の方法を考えて、家族全員にあらかじめ周知しておきましょう（図15・5）。

第2節　わが子・わが孫を守るのは誰なのか？

平成30年7月豪雨直後に実施した現地調査結果の一部を第1章で紹介いたしました。第1章で紹介しなかったもう一つの事例について、被災地で避難をしなかったご家庭にお話を伺うことができましたので、ご紹介いたします。

倉敷市大畠地区では、7月7日2時20分に土石流が発生し、家屋5戸が全壊しました。崩壊部は、幅

図15・5　家族で避難の準備

8m、深さ1mの表層崩壊であり数m上部には尾根に沿った遊歩道がありました。本渓流では、約40年前にも土石流が発生したことから、谷部に7基の谷止工が設置されていました。結果的にはこの谷止工は目的を達していましたが、目的が異なる土石流を止めることができませんでした。

気象台は倉敷市に、土砂災害警戒情報を7月5日21時25分に発表しました。倉敷市は、翌6日の11時30分に避難準備・高齢者等避難開始（土砂災害警戒）、19時30分に避難勧告（土砂災害警戒）を発令しました。

7月6日夜に家族会議を開き、大学生の娘さん（以下学生）は避難しようと提案しました。学生は大学の講義で防災と気象について学んでいました。大学で学んだ知識を基に家族に説明したそうです。ところが、ご両親は斜面には谷止工が施工されているから大丈夫だと反論しました。さらに、祖父母は、こ

図15・6　子を守るのは親

こに長年住んでいるが今まで一度も崩れたことはないと主張され、結果として自宅待機を選択しました。学生は大変不安だったそうです。そして、7日午前2時過ぎに深夜し、停電しました。2時20分に家が揺れ、自宅に土砂が流入しました。その後土砂が次々と流入してきましたが、1階の大半が土砂で埋もれたものの、土砂流入のみで家族全員無事でした。

この学生は、この豪雨で自宅が危険な状況になることはわかっていました。だから家族に提案したのです。でも全員に反対され家に留まりました。彼女はなぜ避難しなかったのでしょうか。彼女は、「当たり前じゃないですか。両親と祖父母がいるからです」と明確に答えました。このような子どもを守るのは誰でしょうか（図15・6）。大切な家族を思いやる素晴らしい子供を守るために、親として祖父母として、どのような行動をとればよかったのでしょうか。

第3節　大切な人への想いを胸に

筆者は、土砂災害に関する講演依頼を受け、学校や地域に出かけます。あまり研究内容をテーマにせず、一般の方々に知っていただきたいこと（本著に書かれてあること）を紹介するようにしています。講演の最後に、いちばん大切な人のことを頭に思い浮かべていただきます（図15・7）。その方がいない生活が考えられますか？

結局、土砂災害のソフト対策でいちばん大切なのは、大切な人を失いたくはないという気持ちです。大切な人が生きていることが、私たちにとって最高の幸せなのです。その逆もそう。私たちも誰かから必要とされています。土砂災害に被災するのは万が一ですが、命を失うことは、万が一でもあってはいけません。自分のためじゃなく、大切な人のために。そのために私たちは何ができるのでしょうか。

本書では、降雨と防災気象情報、土砂災害警戒区域と地形、実施可能な土砂災害対策について述べてきました。みなさまのできる土砂災害対策について必要最小限の知識をできるだけ平易な言葉にして伝えてきたつもりです。しかし、これらの内容はツールの一つにすぎません。ハザードマップがあっても、雨量計システムがあっても人を救うことはできません。人を救うことができるのは、結局のところは「大切な人を守りたい」という想いのみです。そのために事前に準備し、非常時に

図15・7　大切な人を思い浮かべる

迷うことなく対応できるよう訓練できるのです。このことができれば、土砂災害で大切な人を失う確率はかなり低くなります。ご自身を大切に、周りの人を大切に。そのために何ができるのかについて、考えていただければと思います。被災しなければそれでよし、被災した時でもみんな無事でよかったねと言える人生を送っていただきたいと心より願っております（図15・8）。

参考文献

佐々木重光（2018）：「災害に学び　災害に備える　平成28年台風10号災害の教訓から」、2019年度（公社）砂防学会定時総会並びに研究発表会「岩手大会」、10～18頁

図15・8　みんなが助かり万歳！

おわりに

筆者は、2年生の講義「防災気象学」で本書の話をしています。100名くらいの履修者には、理系の学生もいれば、文系の学生もいます。防災を志している学生もいれば、生物系や恐竜系を勉強している学生もいます。この講義では、土砂災害の専門的知識を身に付けて頂こうとは考えていません。土砂災害で「大切な人を失わない」方法を知り、将来職場や地域、家庭で、避難に関する準備と適切な避難行動ができる大人になることを目的としています。

この講義の狙いを見事に体現したのが、第15章で例示した倉敷市大畠地区の女子学生でした。もちろん本講義の成績も優秀で天文学のゼミに配属し、大学で初めての天文関係の資格を取り表彰された学生でした。この講義を受講し、被災当時は4年生になっていましたが、この講義のことが頭に残っていて、家族に避難するように両親に提案したそうです。被災後調査時に、呼びかけられ被災した屋内に案内され、細かいことまで当時の状況を知ることができました。大変思いやりがある親孝行な学生であり、そのように育てたご両親も大変すばらしい方でした。それでも、この土砂災害で運が悪ければ、自宅が流され、この女子学生を失っていたかもしれません。どれほどの損害でしょうか。親の判断は、子供の命を左右します。子供の命を守るのは親しかいません。この出来事は、私にとって記憶に残る事例となりました。

本講義の履修者の中には、教職や学芸員の課程を履修している学生も多くいます。将来教員や学芸員になった時、必ずこの本書の内容が活かされるときが来ると思います。生徒や入館者のことを案じて、自主的に防災リーダーとなり避難確保計画等を立案したら、素晴らしいことでしょう。そういう世代になってほしいと思います。

本執筆中に令和2年7月豪雨が発生し、また甚大な被害となりました。この傾向は今後も続くのではないかと恐れています。そして、避難勧告と避難指示のわかりにくさを解消するために、避難勧告を削除して同じタイミングで避難指示を出す方針が報道されました。より適切なタイミングで、住民が動きやすい情報を提供することは行政の大切な仕事です。ただ、住民はそれに甘えてはいけません。事前の準備によって大切な人の命を救うことは可能です。この機会に家族や周りの人たちと土砂災害に対する事前の準備をお願いいたします。

令和3年1月

岡山理科大学　生物地球学部　生物地球学科　佐藤丈晴

■著者紹介
佐藤丈晴（さとう・たけはる）
岡山理科大学生物地球学部生物地球学科准教授。
1972年岡山県玉野市生まれ。岡山大学大学院理学研究科修了後、株式会社エイト日本技術開発（当時エイトコンサルタント）へ入社。2013年4月より現職。専門分野は土砂災害を主とした豪雨災害のソフト対策。既往の災害、降雨、点検、測量資料に基づいた計画・研究・分析・評価に関する建設コンサルタント技術の開発を行っている。取得資格は、技術士（建設）、APECENGINEER(Civil)、上級土木技術者（防災）、博士（工学）ほか。

土砂災害に備える
— 命を守るために知ってほしいこと —

2021年2月5日　初版第1刷発行

著　者　佐藤丈晴
発　行　吉備人出版
〒700-0823 岡山市北区丸の内2丁目11-22
電話 086-235-3456　ファクス 086-234-3210
ウェブサイト　www.kibito.co.jp
Eメール　books@kibito.co.jp
印　刷　株式会社三門印刷所
製　本　株式会社岡山みどり製本

ISBN978-4-86069-637-5　C0051